SERVIÇO SOCIAL DO COMÉRCIO
Administração Regional no Estado de São Paulo

Presidente do Conselho Regional
Abram Szajman
Diretor Regional
Danilo Santos de Miranda

Conselho Editorial
Áurea Leszczynski Vieira Gonçalves
Rosana Paulo da Cunha
Marta Raquel Colabone
Jackson Andrade de Matos

Edições Sesc São Paulo
Gerente Iã Paulo Ribeiro
Gerente Adjunta Isabel M. M. Alexandre
Coordenação Editorial Clívia Ramiro, Cristianne Lameirinha,
Francis Manzoni, Jefferson Alves de Lima
Produção Editorial Thiago Lins
Coordenação Gráfica Katia Verissimo
Produção Gráfica Fabio Pinotti, Ricardo Kawazu
Coordenação de Comunicação Bruna Zarnoviec Daniel

Hermínio Bello de Carvalho

PASSAGEIRO DE RELÂMPAGOS:

crônicas friccionais
e perfis inexatos

Organização **Joyce Moreno**
Ilustrações **Eduardo Baptistão**

© Edições Sesc São Paulo, 2023
© Hermínio Bello de Carvalho, 2023
© Joyce Moreno, 2023
Todos os direitos reservados

Pesquisa e produção Helton Altman
Preparação Silvana Vieira
Revisão Silvana Cobucci, Ísis De Vitta
Capa e projeto gráfico André Hellmeister / Estúdio Collages
Diagramação André Hellmeister

Dados Internacionais de Catalogação na Publicação (CIP)

C3311p   Carvalho, Hermínio Bello de
          Passageiro de relâmpagos: crônicas friccionais e perfis inexatos / Hermínio Bello de Carvalho; Ilustração: Eduardo Baptistão; Organização: Joyce Moreno. — São Paulo: Edições Sesc São Paulo, 2023. —
          280 p. il.

          ISBN: 978-85-9493-246-4

          1. Memórias. 2. Rememorações. 3. Música brasileira. 4. História. I. Título. II. Baptistão, Eduardo, III. Moreno, Joyce.
                                            CDD 920

Ficha catalográfica elaborada por Maria Delcina Feitosa CRB/8-6187

Edições Sesc São Paulo
Rua Serra da Bocaina, 570 – 11º andar
03174-000 – São Paulo SP Brasil
Tel. 55 11 2607-9400
edicoes@sescsp.org.br
sescsp.org.br/edicoes

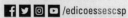 /edicoessescsp

Hermínio Bello de Carvalho não é só um criador
e um crítico atilado nos domínios musicais:
é também um escritor de grande espontaneidade,
graça e invenção. A gente lê com delícia a sua
prosa movimentada, rica de novidades e muito
bem estruturada.

Carlos Drummond de Andrade

LAMPEJOS TEMPO- RAIS

As crônicas e as memórias têm como elemento em comum sua referência às experiências de vida – mais imediatas, no caso das primeiras, mais longínquas, no caso das últimas – que, ao serem narradas, configuram determinado contexto temporal. Mas o que perfaz essas conjunturas senão a contemporaneidade das pessoas que, nas relações umas com as outras, definem um momento histórico? Talvez a expressão "no meu tempo", típica dos relatos que se reportam a um período distanciado, se refira sobretudo àquelas presenças que completam os dias lembrados.

Em sua atuação como compositor, poeta, letrista e produtor musical, Hermínio Bello de Carvalho tem vivido a música brasileira segundo uma posição ímpar. Enquanto letrista, trabalhou ao lado de pessoas da magnitude de Dona Ivone Lara e Elton Medeiros, dentre outros nomes fundamentais para a cultura nacional. Paralelamente, em suas atividades como produtor musical, contribuiu para a divulgação do trabalho de artistas como Clementina de Jesus e produziu discos que marcaram época, como *Fala Mangueira!*, de 1968, que reúne a cantora e outros sambistas extraordinários como Cartola, Carlos Cachaça e Nelson Cavaquinho.

No presente volume, organizado por Joyce Moreno, o autor se dedica a lembrar, por meio da narração, esses e outros patrimônios essenciais de nossa cultura. Seu trabalho de rememoração é empreendido num sentido alargado, que inclui o lembrado, o vivido e o imaginado. Ao traçar as fisionomias de quem compôs, tocou e cantou a música popular brasileira, Hermínio delineia, simultaneamente, o ambiente cultural do Rio de Janeiro da segunda metade do século XX. Salta à vista que seu testemunho apresente uma abordagem temporal sobreposta, capaz de articular o presente com os diversos passados aos quais se relaciona. Tal proposição já se fazia presente em seu trabalho desde os anos de 1960. O álbum *Gente da antiga*, produzido pelo autor, ilustra bem esse fato ao evidenciar as conexões do samba daquele período com seus antecedentes do início do século XX. A mesma abordagem se faz ver nestes relatos sobre grandes expoentes artísticos de nossa nação.

Podemos, assim, considerar esta publicação como obra *comemorativa* no sentido mais profundo do termo: proporciona, a partir da experiência da leitura, nosso envolvimento com uma constelação de personalidades cujas melodias e versos compuseram o campo harmônico do qual o autor participou e do qual podemos nos aproximar, num ato conjunto de memória. Em decorrência dessa disposição para aliar o presente aos passados de nosso legado musical e literário, oportuniza a reafirmação do compromisso do Sesc para com o desenvolvimento social por meio de processos educativos, capazes de proporcionar o reconhecimento e a valorização do patrimônio artístico brasileiro, sobretudo no que diz respeito à riqueza das expressões contemporâneas e ancestrais de nossa paisagem artística.

Danilo Santos de Miranda
Diretor do Sesc São Paulo

SUMÁRIO

Passageiro de relâmpagos / *Joyce Moreno* — **10**
Nota explicativa / *Hermínio Bello de Carvalho* — **12**

João da Baiana, um dos Três Reis Magos — **20**
Cartola, a fênix — **26**
Zé Keti, um rapsodo — **32**
Chico, Ismael, Antonico e Pixinguinha — **38**
Chico Buarque de Mangueira, Paula do Salgueiro
e *la vecchia signora* — **46**
Jamelão e outros jequitibás: o mistério das vozes — **52**
Elizeth Cardoso, a revolucionária — **60**
Divina, enluarada, faxineira das canções — **66**
Elis Regina, vulcão e pimenta — **74**
João Gilberto, a esfinge — **82**
Alaíde Costa, a navalha na voz — **88**
Áurea Martins — **94**
La Godoy, a uirapuru — **100**
Gonzaguinha, Gonzagão — **108**
Aldir Blanc, poeta arruaceiro — **114**

122	Mário Lago e as palavras
126	Nássara
132	Vista assim do alto
150	Mindinha de Villa-Lobos
156	Turíbio Santos
162	Canhoto da Paraíba
166	Lúcio Rangel, meu amigo
172	Vozes castorinas
180	Mário de Andrade e o defluxo
188	A placa de Mário
194	Aramis Millarch
202	Uma carta para mestre Zu
206	Chico Anysio: a invenção do ator
212	Nair de Tefé (ou Rian, como queiram)
220	O preto-velho da Esmeralda
228	ABI, ABV e as "brabuletas" de Jota Efegê
242	Ernesto Sabato e a utopia
250	Mãe Quelé
258	P.S. Visitas
264	O timoneiro Hermínio Bello de Carvalho / *Alexandre Pavan*
273	Agradecimentos do autor
274	Sobre o autor
276	Sobre a organizadora
278	Sobre o ilustrador

PASSA-GEIRO DE RELÂM-PAGOS

Recebi do amigo Hermínio Bello de Carvalho a honrosa incumbência de organizar os textos com que ele marca inacreditáveis 70 anos de atividade como escritor, poeta e agitador cultural. São textos inéditos guardados por ele, de máxima importância para trazer um novo e originalíssimo olhar sobre a história cultural do Brasil. Um olhar de quem viu e viveu tudo.

Passageiro de relâmpagos – Crônicas friccionais e perfis inexatos compõe-se de perfis e memórias de figuras que marcaram e construíram nossa cultura, como João da Baiana, Pixinguinha, Heitor Villa-Lobos, Lúcio Rangel, Mário de Andrade, Elis Regina, Elizeth Cardoso, Aracy de Almeida, João Gilberto, Ismael Silva, Nair de Tefé... A lista é interminável e inclui, claro, sua mais visível descoberta, a deslumbrante Clementina de Jesus, e parceiros do autor, como Elton Medeiros, Cartola e Paulinho da Viola. Todos e todas descritos pelo viés poético – às vezes cáustico, sempre amoroso, muitas vezes francamente passional – do autor.

Citando Ruy Castro (em texto feito para a *Folha de S.Paulo*, orelha deste livro), "HBC mora dentro de uma caixa de surpresas", e surpreendentes mesmo são as histórias recorrentes na vida dele ao lado de figuras de máxima importância na nossa cultura, como um Forrest Gump à brasileira – quem mais, aos 16 anos, seria testemunha de um encontro em Petrópolis entre Linda Batista e Getúlio Vargas? Quem mais produziria o espetáculo *Rosa de ouro* em 1965 e criaria o Projeto Pixinguinha, que levaria artistas de diferentes tendências a rodar o Brasil nos anos 1970-80? Quem seria padrinho de casamento de Cartola e Dona Zica? Quem incentivaria o jovem bancário Paulo César Faria a assumir sua veia de compositor e tornar-se Paulinho da Viola? E quem se tornaria um dos agitadores culturais mais importantes do país, dos anos 1960 até hoje?

O livro se compõe de crônicas inéditas, divididas e interligadas por personagens e assuntos vistos e vividos pelo autor: a música popular, o samba, o jazz, o teatro, a literatura, o jornalismo, a cena cultural. Não são organizadas cronologicamente, mas por assunto, buscando em cada texto a ligação com o anterior e o seguinte. As ilustrações são do genial Eduardo Baptistão, um dos maiores bambas da difícil arte da caricatura.

Conhecer essas figuras históricas por meio do texto delicioso de Hermínio é oportunidade única. Temos de aproveitar a memória desse homem, que parece ter vivido todas as épocas de ouro da música brasileira. Os pesquisadores do futuro agradecem!

Como amiga, parceira e afilhada de casamento de Hermínio (em honrosa companhia, como se vê), fiquei feliz com o convite para organizar este livro – e só espero que os leitores se divirtam e se emocionem com seus magníficos textos tanto quanto eu mesma me diverti e emocionei. E que se lembrem que o nosso Brasil, visto assim do alto, não é só isso que se vê: é um pouco mais, é tão grande que nem cabe explicação.

Joyce Moreno

NOTA EXPLICATIVA

"**E**stamos sentados num relâmpago" – era assim que o Tatá, um ator amigo, metaforizava a vida. Clarão intenso e de curta duração, resultante da descarga elétrica produzida entre duas nuvens ou entre uma nuvem e a Terra. Como – e nem imagino! – sermos passageiros de um fenômeno que se destrói num átimo de tempo?

E como se daria, então, esse relampejamento?

Estas crônicas contêm histórias e estórias, misturam ficção e fricção, perfis exatos e também inexatos e por vezes desfocados, em razão das lentes sujas pelo tempo – mas sem querer explicar o fenômeno, deixando-se nele trafegar, beneficiando-se de seu alumiamento.

Já expliquei certa vez: não sou eu quem me navega.

São memórias esparsas, atemporais por natureza, eu *passageiro de um relâmpago* que insiste em esbarrar em nuvens ameaçadoras, em *cumulus nimbus* que possam ameaçar a estabilidade de seu voo – eu mero passageiro do tempo, nunca aviador, a trafegar aéreo entre a realidade, a ficção e a fricção com que deixo meus sentidos fustigarem as muitas palavras, a que se atritem e relampejem.

***

O ódio, sabemos, provoca relampejos. E me veio à mente a figura endemoniada de um gênio dos palcos nas décadas de 1920 e 30, chamado Aracy Cortes, encarnação em saias do Cramulhão. Já velha e arredondada e a língua peçonhenta afogada em cicuta, ainda assim levava o público ao delírio quando produzia descargas ao pisar cada centímetro do palco, como se tivesse ela mesma se exercido carpinteira de cada tábua onde sapateava, levantando a saia e mostrando as coxas roliças – e relampejando.

Lembro quando a conheci num almoço no Zicartola em 1963, organizado pelo cronista Jota Efegê para que eu conhecesse a réptil, dona de extensas glebas onde mantinha seus ofidiários. Ele desejava ajudá-la num momento difícil de sua vida, e ela em nenhum momento baixou a guarda ou abandonou o ar arrogante e empáfico – tendo ainda o desplante, diante de uma pergunta que lhe fiz, de retrucar se queria apanhar ali mesmo ou se me esbordoaria lá fora na rua. Ela, que fora a maior estrela do teatro de revista, a cantora de maior musicalidade segundo Jacob do Bandolim, estava agora acolhida no Retiro dos Artistas, já esquecida pelo público. Dois anos depois fizemos o *Rosa de ouro*, ela uma fantástica profissional, mas que um dia ousou levantar o dedo para Clementina de Jesus, que tolheu no ar o gesto insano: "Eu sou mulher de homem!", ou seja, se garantia – e ainda tinha a escolta do marido, o estivador Albino Pé Grande. A partir dali, nunca mais um gesto ameaçador – a não ser em São Paulo, quando quebrou uma garrafa e partiu para cima de Paulinho da Viola. Uma revista, traçando seu obituário, transferiu para mim a agressão. Qual o quê, dizia-me seu "*beguin*"[1], expressão que já caíra de moda.

Lembro que, alguns anos depois, ao providenciar seu enterro, perguntei a uma sua ex-colega, vizinha de quarto, se não iria despedir-se da grande estrela. "Eu quero que aquela filha da puta volte pros quintos do inferno", relampejou, no que foi aparteada por outra

---

[1] *Antiga gíria para designar um interesse amoroso. [N.E.]*

asilada: "de onde, aliás, nunca deveria ter saído". Naquelas poucas horas em que ali estive, ouvi as piores histórias sobre a jararaca jiboia cascavel de quatro-ventas, a velhaca macumbeira e provocadora de quizumbas que um dia "socateara"[2] o peixeiro com um robalo ou um caçonete que lhe parecera caro ou estragado, negra que fora mulher rica de ter cabriolé e joias e tudo dissipara nas macumbas que fizera para prender um homem que desgarrara de seus arreios. Ela-aquela isso e aquilo. Quando uma atriz da Globo me pediu ideias para um musical, sugeri "Te odeio, linda flor". Seria a vida da cantora genial, criadora da canção referida no título.

[2] *Expressão popular que, neste caso, significa "socara", "batera em", "espancara". [N.E.]*

***

Relendo os tomos de memórias de Pedro Nava, me deparo com um escritor que tinha a capacidade de retratar seus personagens que nem fora um Picasso: deformando-os, por vezes, a um tal ponto, que chegava à sua essência mais exata, fornecendo-nos o equivalente a um retrato falado em que a protuberância do queixo, a dessimetria do rosto, a vesguice do olhar, todas essas características pairassem como elementos secundários diante de um só e mínimo detalhe que apenas ele, Nava, captara e traduzira como essencial. E fazia isso em duas ou três frases e poucas palavras. E só através delas, nada mais, fulano ou beltrano ou sicrano ou deltrano surgiam exatos, ganhando voz olfato palato diante de nós, sem que a eles jamais tivéssemos sido apresentados numa mísera foto. Que nem Picasso – e me basta lembrar a comovente *Jacqueline aux mains croisées* que o gênio espanhol registrou para a posteridade, eles em La Californie, ou no Château de Vauvenargues ou em Notre-Dame de Vie, não importa.

Comparem-na, Jacqueline, a da tela, com a da foto clicada por David Douglas Duncan. Ficou-me, a da tela, mais fiel. Fiel a quê? Não sei. Mas aquela fria placidez parece antecipar a solidão que engoliu Jacqueline, que se suicidou logo depois da morte de Picasso.

Pois voltando ao Pedro Nava: fazia-nos acompanhar a desconstrução dos traços figurativos de seus personagens, desenhando-os e pintando-os com goivas, pincéis e aparatos fotográficos que construíra artesanalmente em seu laboratório de palavras, como se fora um Picasso diante de uma tela nua e desafiadora.

Existem artistas capacitados para recriar personagens, num quase exercício de incorporação mediúnica. Lembro quando Bibi Ferreira estreou seu musical sobre Édith Piaf. O palco, ela o transformara numa espécie de terreiro de candomblé, onde parecia receber uma entidade: a mesma fragilidade física, o mesmo pote de vidro finíssimo à beira de estilhaçar-se, a mesma voz e o gestual da outra, apesar da dessemelhança física. Ali eu estava revendo *La môme*, aquela mulher miúda e ao mesmo tempo com três ou cinco metros de altura que me enfeitiçara no palco do Copacabana Palace, algo próximo da mesma divinização que iluminou Picasso quando eternizou sua Jacqueline Roque na tela soberba, ela com suas mãos cruzadas, a mesma transmudação que Pedro Nava sofria ao sentar-se diante de sua máquina de escrever e transformar as teclas em pincéis, fornecendo-nos a visibilidade da alma de seus personagens.

Sem esse instrumental, valho-me apenas da afetividade para relembrar alguns amigos e episódios esparsos, mas sem a responsabilidade fotográfica de reproduzir as fagulhas que em mim detonaram sensações difíceis de transmitir na totalidade. Pensamenteando à deriva do tempo, cato o menino que fui vendendo meus livros e discos para comprar o ingresso de Piaf ou recortando da revista *Cruzeiro* as reproduções de mestre Picasso para depois grudá-las nas tábuas de meu quartinho à rua do Catete.

Os perfis de meus amigos-personagens surgirão sempre inexatos porque misturam realidade e fricção, isto mesmo: friccionando-os num ralador imaginário, procuro desbastar suas partes rugosas ou ásperas até bruni-las, aproximando-as à imagem do que são ou como imagino que seriam. Até porque não pretendo retratá-los com exatidão para que venham servir de fonte biográfica, não. Basta-me embebedar-me de suas essências. Reinventá-los por vezes, mas sem a premeditação do embuste.

Um dia, quem sabe?, a tecnologia irá nos incrustar *chips* sob a pele ou uma camada ozônica sobre o cristalino, provocadora de reações fotoquímicas imponderáveis – e esses novos inventos nos permitirão descerrar numa tela de plasma, de altíssima definição visual-sonora-odorizada, o que então supúnhamos como indevassável.

E o indecifrável se decifrará: entraremos na alma de mestre Pablo quando eternizava sua *Jacqueline aux mains croisées*, devassaremos a cascavel Aracy Cortes preparando em seu camarim um alguidar com galinha preta e farofa amarela e marafo para deitar numa encruzilhada sob um lumieiro de velas brancas, nos agarraremos no invisível *guidon* com que Piaf nos conduzia pelas estradas de seu palco ao compasso de "L'homme à la moto", e percutirá em nossos ouvidos o ruminar das teclas-pincéis de mestre Nava anavalhando com palavras os personagens que, entre miasmas, o visitavam como fantasmas entre as frinchas da noite.

E reverteremos então à poeira cósmica através das imponderáveis leis da ciência, e seremos todos insuportavelmente tediosos, e o mundo, não mais cabendo em palavras, perderá todo seu mistério.

Convido, pois, a que se aboletem nesse relâmpago e se deixem levar pela imaginação afora, alheios às possíveis turbulências desse voo imaginário.

Hermínio Bello de Carvalho

JOÃO DA BAIANA, UM DOS TRÊS REIS MAGOS

Não que carregassem ouro mirra e incenso, não. Mas, quando saíam juntos, pareciam os Três Reis Magos guiados pela estrela que os levaria à manjedoura, onde nascera Jesus Cristinho. Ao invés dos mantos drapeados, João da Baiana e seus companheiros Donga e Pixinguinha usavam fatiotas antigas, às vezes em linho S-120, invariavelmente branco ou cinza-claro, quase aperolado. E saíam para o furdúncio carregando as enxadas: violão bolacha, saxofone e pandeiro adufe.

João sobressaía dos três pelo sapato bicolor, com salto carrapeta, mas sobretudo pelo terno de talhe inconfundível: o paletó largo, que lhe descia até quase o joelho, e a calça que, também larga, ia afunilando ao chegar-se aos calçados. Parecia ter um panejamento próprio dos mantos de um santo aquele seu traje, coroado por um chapéu que aureolava sua cabeça branca.

Eu o relembro nos bons tempos em que frequentávamos o Bar Gouveia, ele diante de Pixinguinha e Donga, e de lá saía para as bandas da Pedra do Sal para tomar sua sagrada e revigorante sopa Leão Veloso e uma preciosa mistura de garapa com catuaba, de efeito afrodisíaco devastador, que lhe garantia o vigor sexual que pelo menos dizia ainda manter, apesar do olhar meio reticente de Pixinga. Conheci ali o pintor primitivo, que se fartava em telas e pincéis.

João Machado Guedes – esse o nome de batismo do único carioca dos 12 filhos que Tia Preciliana de Santo Amaro pôs no mundo.

22

Foi em 17 de maio de 1887 que nasceu. Sua mãe, quituteira de mão-cheia, o ensinou a tocar pandeiro e se virar nas rodas de samba que aconteciam na Pedra do Sal, pelos lados da Gamboa, pelas bandas do cais do porto, onde muitos davam duro na estiva. Pela proximidade com o Arsenal de Marinha, lá vamos encontrá-lo como aprendiz não se sabe de quê, porque na verdade sua raiz estava mesmo é presa nas rodas onde aprendia a dançar o miudinho e a esmerar-se também fazendo ritmo ao friccionar a faca nas bordas de um prato, enquanto as "tias" rodavam suas saias naquela misturança profana e religiosa, o samba e o choro fazendo antessala para as sessões de candomblé. Tia Ciata, Tia Rosa Ore, Tia Amélia do Aragão (mãe de Donga), além de outras muitas "tias" (Bebiana, Carmen, Priscila, Sedata) que vinham da Bahia para *fazer o Rio de Janeiro*. O samba carioca ganhava sotaque baiano, e o menino João botava corpo – foi para a Marinha e aos 13 anos pediu baixa da corporação para ser ajudante de cocheiro, sob o comando de um futuro presidente da República, o marechal Hermes da Fonseca. Aproveitou para fazer-se também comandante das claques do Circo Spinelli. Isso até conhecer o senador Pinheiro Machado, que o recompensou com pandeiro novo quando a polícia levou o seu, numa época de perseguição a quem arpejasse um violão ou tocasse qualquer instrumento de percussão. Eta, vida braba!

Vamos encontrá-lo em 1922, o ano da Semana de Arte Moderna, já homem feito e recusando convite para ingressar no conjunto Oito Batutas, que iria levar o samba lá para as bandas das "Európeas". Preferia o circuito Rio de Janeiro-Bahia, obediente aos desígnios de seus orixás. Rádio que precisasse de um ritmista logo chamava aquele pretinho de olho esbugalhado, olhar mortiço. Da Cajuti foi para a Transmissora, depois entrou para o Grupo de Malaquias e, em 1928, conheceu seu primeiro sucesso: "Cabide de molambo". Em 1932, depois de militar nos conjuntos de Alfredinho e no Grupo do Louro, alinha-se ao grupo da Guarda Velha e aos Diabos do Céu, de Pixinguinha e Donga.

É mais ou menos essa parolagem que rola agora, aqui em casa, ele diante do gravador. O ano? Talvez 1963, por aí. João vai desfiando a memória, esclarecendo as diferenças entre o samba duro, o samba mole e a batucada, ora evocando seu amigo Santos Dumont, ora fazendo reverências a Pixinguinha, de quem se tornou uma espécie de anjo da guarda. Pintor *naïf*, me vende um quadro a óleo lindíssimo – que hoje está logo abaixo de um outro de Oscar Niemeyer. Mal sabe que, diante daquele gravador, está me ajudando a fazer história: em 1968 entraria no estúdio com Clementina de Jesus e Pixinguinha para gravar o LP *Gente da antiga*, e todas aquelas curimbas e jongos que deixou registrados em minha casa abasteceriam o espetáculo musical *Rosa de ouro* (1965), matriz de *O samba é minha nobreza* (2002), onde seria reverenciado com pompas e circunstâncias. Sim, lembro que tinha um cachezinho a receber por sua participação em *Gente da antiga* (Pixinga, Clementina e João) e tratou de comprar uma malinha, para carregar a grana. Meu Deus, a correria que foi anular o cheque e trocar por muitas notas, que fizessem um volume compatível com o que imaginara o velho João! Quando *O samba é minha nobreza* estreou, já não estava mais entre nós.

Aliás, já não estava mais entre nós havia algum tempo, recolhido no Retiro dos Artistas. Seu amigo Pixinguinha partira para o céu em 1973, e um ano depois, aos 87 anos, lá se foi ele, nosso João da Baiana e seu olhar mortiço, para fazer-lhe companhia e tocar seu pandeiro adufe e seu prato-e-faca, entre goles de catuaba, sambando miudinho entre as nuvens.

*

CARTOLA, A FÊNIX

Às vezes penso que nenhuma amizade verdadeira se solidifica tão depressa quanto a minha com Cartola. Em apenas um ano e pouco de convivência, lá estava eu, em 1964, levando Zica ao altar da Igreja do Sagrado Coração de Jesus. Ao lado do padre celebrante, um aparentemente calmo Angenor de Oliveira, envergando seu melhor terno, cumpria seu papel de noivo, e eu o de padrinho do casal que ali oficializava sua união "diante de Deus", como ambos desejavam. União que Jota Efegê igualmente apadrinhou.

Ao contrário do que escreveu João Antônio, não havia qualquer pressão da sociedade para torná-los marido e mulher, mas sim uma urgência de Cartola em oficializar, visando o futuro de Zica, contumaz trabalhadora, mas que, na sua generosidade, sabia como ninguém ajudar o próximo – ainda que este nem tão próximo estivesse assim.

Fênix, ressurgindo das cinzas. Sempre tenho essa imagem mitológica quando lembro de Cartola, das muitas vezes em que submergiu no anonimato e, feito águia, veio traçar seu plano de voo.

Cartola era estéril e, igual a Pixinguinha, adotou um menino – Ronaldo – para suprir sua esterilidade. Zica vinha de uma viuvez que lhe agregara filha e netos, logo abrigados pelo carinho do meu parceiro e afilhado. Cioso, foi também meio pai e tutor de seu parceiro Nuno Veloso e até do velho Carlos Cachaça, por sinal casado com uma irmã de Zica, a Menininha. E bota amizade entre os dois, que subiam e desciam juntos o morro da Mangueira, um amparando o outro

28

quando os eflúvios do álcool se faziam mais presentes. Eram, Zica e seus agregados, a sua grande família que, de resto, se espalhava por todos os cantos da Mangueira. Onde pisasse Cartola, as reverências se multiplicavam, parecia que o chão gravava a marca de seus pés.

Ontem estava aqui em casa reouvindo um trabalho que fizemos (Paulão 7 Cordas, Kiko Horta e eu) sobre a Mangueira. O pedido partiu da antropóloga Lélia Coelho Frota, que estava à frente do Arquivo Geral da Cidade do Rio de Janeiro em 1999. O CD duplo *Mangueira: sambas de terreiro e outros sambas* jamais foi comercializado e restringiu-se a uma edição de, se não me engano, 2 mil cópias. Dele participaram Dona Neuma, Zé Ramos, Xangô da Mangueira, Nelson Sargento, Comprido, Tantinho, Jurandir, Leléo – além de Tia Zélia, Zenith e Soninha. Enfim, todos remanescentes de um grupo que, parte dele, já foi para o andar de cima nesses quase dez anos depois.

Ao trabalho, acrescentei algumas fitas que tive a oportunidade de gravar em minha casa e nas casas de Cartola, Carlos Cachaça e Jacob do Bandolim – isso nos idos de 1960. Trabalho partilhado, aliás, com o jornalista paulistano Arley Pereira. Era uma época em que ir ao Buraco Quente não se constituía em nenhuma aventura de risco. Lá havia a Birosca da Efigênia do Balbino, que dava guarida ao nosso grupo – com intermináveis rodadas de cerveja e cachacinha da boa, mais os franguinhos e empadinhas e pastéis preparados pelas mãos milagreiras de Zica e da grande Menininha – cuja voz tive o privilégio de registrar. E lá estamos nós, ouço agora, levemente triscados pelos tonéis de cerveja que sorvíamos, com aquela sede própria dos inconsequentes. E vinham juntar-se a nós o grande Padeirinho, Leléo e Zagaia, Nelson Cavaquinho, o velho Marcelino (primeiro mestre-sala da Mangueira) e também a portelense (sim! poucos sabem disso)

Clementina de Jesus, Mãe Quelé, sempre acompanhada por Albino Pé Grande, seu marido mangueirense. E, é claro: Cartola, Zica e Neuma.

Esse registro em disco me remete a uma dentre muitas histórias nascidas ainda no Zicartola, restaurante e casa de samba que durante dois anos (1962-64) imperou no Rio de Janeiro, ao som das panelas de Zica e do violão de Cartola e com a elite do samba fazendo-se presente. Sérgio Porto procurava, a qualquer custo, fazer com que eu produzisse aquele que seria o primeiro LP de Cartola, com seus maravilhosos sambas cantados por Aracy de Almeida. Por outro lado, o Vianinha (Oduvaldo Vianna Filho) encasquetara com a ideia de que eu deveria produzir um espetáculo sobre a Mangueira, um sonho que acalentava desde que, segundo ele, eu apresentara Cartola e um grupo de compositores mangueirenses, no Teatro Opinião. A bem da verdade, não me lembro absolutamente nada desse espetáculo. Lembro sim que eu já havia levado o Paulo César Baptista de Faria (depois, Paulinho da Viola) ao Zicartola – e ele sempre faz referência ao primeiro cachê profissional recebido em sua vida, pelas mãos de Cartola. Paulinho conta que um dia chegou à minha casa e me encontrou trabalhando num roteiro (seria para o Vianinha?), com quatro letras inéditas (em disco) em cima da mesa. Enquanto eu passava um café, ele, em dez minutos, musicou "Sei lá, Mangueira". Uma das três restantes seria, sem dúvida, "Alvorada no morro" – feita em parceria com Cartola e Carlos Cachaça.

Juntemos as pontas da história, virando a ampulheta do tempo. O *Rosa de ouro* estreou em março de 1965, quando o Zicartola já havia encerrado seu ciclo de existência. O musical sonhado por Vianinha nunca se concretizou, mas no fatídico ano de 1968, o do AI-5, produzi o disco *Fala, Mangueira*, no qual reuni Cartola a seus amigos

Nelson Cavaquinho, Clementina de Jesus e Carlos Cachaça – e com a grande Odete Amaral (já separada de Ciro Monteiro) gravando em primeira mão "Alvorada no morro" e "Sei lá, Mangueira". Em 1970, Paulinho joga luzes sobre a Velha Guarda da Portela, num LP absolutamente antológico. E Cartola renasce para o sucesso com um álbum produzido por Pelão.

Acabo de ouvir o *Mangueira: sambas de terreiro e outros sambas*, e me vem à lembrança o último aniversário de Cartola, passado aqui em casa. Fênix abatida por doença feroz, me chama a um canto e diz ser aquele o seu último aniversário. E assim seria.

*

ZÉ KETI, UM RAPSODO

Trabalhávamos quase na praça Mauá: ele, no Iapetec (um braço da Previdência Social, na avenida Venezuela); eu, numa empresa de navegação, na avenida Rio Branco. 1962, 63? Eu teria 27 ou 28 anos, ele, quinze anos mais velho. Mais velho? Que nada: um dínamo. O que nos aproximou foi uma casa de samba prestes a ser inaugurada, que tinha a intenção de fazer enriquecer duas nobres criaturas vocacionadas para a pobreza. Falo de Zica e Cartola, já então meus amigos e – dali a pouco – meus afilhados de casamento. Fiquemos, por enquanto, para contextualizar os fatos, no salão ainda vazio e em fase de pintura do que seria o célebre Zicartola. Como já testemunhei tantas vezes, e nem sempre vi com clareza meu pensamento ser transcrito, aquela casa de samba seria o reduto de alguns personagens que pensavam transgredir as regras do jogo, pensar o país de uma outra forma, prepará-lo para grandes mudanças.

Se não tínhamos vocação específica para guerrilheiros, sabíamos, entretanto, escandir com palavras a nossa indignação e tentar, com um mínimo de lucidez, seguir quem nos liderava. E o que seria liderar? Considero, por exemplo, o Vianinha uma liderança. Ele atuava no Centro Popular de Cultura da UNE e, com Sérgio Cabral à frente, levava o pessoal do samba para cantar para a estudantada. As tribunas eram as mais diversas, e o Teatro Jovem uma delas, com um centro de dramaturgia exclusivamente brasileiro. Cada um fazia sua parte: Cabral tinha uma trincheira no *Jornal do Brasil* em defesa da nossa música popular, Albino Pinheiro agitava culturalmente o Rio de Janeiro colocando a Banda de Ipanema na rua num ato claramente político, Maurício Tapajós já nos arrastava às manifestações estudantis, enquanto Zé Keti fustigava a todos com sua inquietação numa dessas tribunas – e a dele era um sobrado na rua dos Andradas, onde viviam, na penúria, Zica e Cartola. Elton Medeiros é memória viva desses dias: com Zé Keti ensaiava o conjunto A Voz do Morro para uma apresentação num programa que o Sérgio Cabral tinha na TV Rio.

Mas o campo ideológico para o exercício de nossas comuns frustrações seria mesmo o futuro Zicartola: ali se reuniria a esquerda, ali nasceriam os embriões dos espetáculos *Opinião* e *Rosa de ouro*, ali se esboçaria um movimento entrópico que aparentemente se contrapunha à estética bossa-novista então vigente e ao modismo da Jovem Guarda, ordenando e desordenando as peças do xadrez. Nem ousaria afirmar que seria um movimento estético, mas um sentimento que no Zé era muito forte: o desejo de mostrar a outra face da moeda ocultada pelos meios de comunicação, mas que já chegara aos ouvidos de Nara Leão, a mais receptiva intérprete da época. Voz pequena e transgressora, atrevida. Seria oportuno esclarecer que minha vida de compositor começou numa parceria com Zé Keti, num samba-protesto que o Vianinha incluiu no repertório do espetáculo *Opinião*, cantado e gravado pela Nara – o "Cicatriz" ("Pobre não é um, pobre é mais de cem / muito mais de mil, mais de um milhão / e vejam só: Deus dando a paisagem / o resto é só ter coragem...").

Zé atuava como uma centrífuga: no salão ainda em obras da futura casa de samba, lá está ele, o Zé Quietinho, sonhando em programar rodas de samba formadas por toda aquela gente de quem se tinha notícia pelo *JB*, mas que fora praticamente excluída das grades de programação das rádios. Rabiscava suas ideias, sonhando, que nem um Paulo Freire, com a inserção daqueles valores em um sistema menos submisso, mais humano, e que se enfeixasse em nossa realidade. Conversar com Zé Keti era aprender: ele era, como gostava de dizer o Elton Medeiros, um rapsodo. Todo aquele universo do samba, com seus fatos e personagens tão ricos, ele o transpunha para seus sambas extremamente originais e que já chamavam a atenção, por exemplo, do Carlinhos Lyra.

Em fins de 1963, inauguração do Zicartola. Levo Paulinho da Viola e Ismael Silva para as noitadas idealizadas e, enfim, concretizadas pelo Zé e apresentadas por Albino Pinheiro, Sérgio Cabral e por mim, em sistema de revezamento. Cartola, Nelson Cavaquinho, João do Vale, Padeirinho – eram noites esplendorosas. As filas serpenteando na porta do Zicartola, um sucesso estrondoso – e fugaz, se constataria depois. Veio o golpe militar em abril de 1964. Em dezembro estreiam o show *Opinião*, no teatro do mesmo nome, e o movimento Menestrel, com Clementina de Jesus e Turíbio Santos no Teatro Jovem; em março de 1965, o *Rosa de ouro*. A casa de samba agoniza aos poucos e morre. Zé Keti era um entristecimento só.

Muda o calendário, mas o cenário da praça Mauá é quase o mesmo. Cartola de contínuo, servindo cafezinho num ministério alocado no antigo edifício *d'A Noite*, onde ficava a Rádio Nacional – isso depois do fechamento do Zicartola. Numa tipografia perto do escritório onde eu trabalhava, volta e meia ia bater papo com o grande sambista Alvaiade, da Portela.

E Zé Keti, Zé Quietinho, sempre ele, pespontando, talvez sem o saber, o enredo de nossas modestas vidinhas.

CHICO, ISMAEL, ANTONICO E PIXINGUINHA

Não há dúvida: Ismael andava mais gabola e presepeiro do que nunca. Vinicius de Moraes implodira nossas trompas de Eustáquio com a afirmação de que "quem conhece de verdade o bom samba carioca não hesita em colocar Ismael Silva como um dos três maiores sambistas de todos os tempos".

Mas o público elogio não lhe pagava o aluguel atrasado, as contas vencidas na farmácia, as poucas cervejas quentes a que se dava ao luxo de tomar com os amigos. Vaidoso, transferira a Vinicius a responsabilidade pela apócope santificadora que eu inventara e que a imprensa logo adotou: "São" Ismael. Motivo da vaidade ostensiva, que se estampava no terno imaculadamente branco que era a sua marca registrada: Sérgio Cabral tinha sido portador de um presente enviado por um jovem admirador que, pelo que se comentava, sofrera sua influência e era sabedor das agruras financeiras que andava passando.

Era 1972. O Museu da Imagem e do Som fizera de Chico o ganhador do troféu Golfinho de Ouro, que vinha acompanhado de um cheque. Consciente talvez do equívoco cometido por Gilberto Gil em 1969, quando recusou o prêmio que lhe outorgamos, também como desagravo à censura e ao exílio que lhe fora imposto pela ditadura – deixando-nos a todos do Conselho de Música do MIS expostos à sanha do poder dominante –, Chico guardou o troféu e deu melhor destino ao cheque que, por certo, comichava suas mãos. Por motivos de viagem, ou sei lá que motivos outros, tampouco compareceu ao espetáculo de entrega dos prêmios.

Um bilhete, que ao Chico provavelmente desgostaria fosse divulgado, esclarece o repasse: "Ismael, você está cansado de saber da minha admiração pelos seus sambas. Você sabe o quanto lhe devo por toda a sua obra. O Sérgio Cabral está lhe entregando o meu presente pelo seu aniversário. É muito menos do que você merece. Um grande abraço, de coração. Chico".

***

Estou agora na casa de Sérgio Cabral, uma espécie de instituto cultural permanentemente aberto ao público, subvencionado pelo respeito que sua trajetória de grande pesquisador lhe conferiu. Seus livros são para mim certeza absoluta de informação correta. E todos nós que lutamos para que não se invente uma nova história, como virou moda fazer-se nos últimos tempos, reverenciamos seus trabalhos de pesquisa, que têm a mesma dimensão das que foram realizadas pelo grande Jota Efegê, que saía de casa com os bolsos recheados de indagações, que ia dissipar, uma a uma, onde estivessem guardadas. Há, no momento, uma proliferação de falsos espaços culturais, vazios de uma política de ocupação, e de improvisados pesquisadores abastecidos de elucubrações as mais desvairadas, prontos a desviar o curso de nossa história.

Às vezes tenho a vontade de sugerir que se faça o tombamento de Sérgio Cabral, como um monumento de pesquisador sério, seguidor de Mário de Andrade. Ele abastece, através de seus livros bem-feitíssimos, com informações corretas e substanciosas, todos aqueles que desejam conhecer a verdadeira história de nossa música e de seus construtores. Todos os dias peço a bênção a Sérgio Cabral, mestre e amigo querido, a quem reverencio todos os dias como um bem patrimonial tão importante quanto, sei lá, os *Profetas* de Aleijadinho. E quero que ele amplie a história do episódio em que se fez portador, a pedido do próprio Chico, do prêmio Golfinho de Ouro que fez chegar às mãos de Ismael, que deite sabedoria e alumiamento sobre essa declaração de Chico a Ismael ("Você sabe o quanto lhe devo por toda a sua obra").

Na grande sala da casa de Sérgio, *Miss* Rosemary Clooney e Ella Fitzgerald já se esgoelaram na vitrola, o sax de Paul Gonsalves (assim mesmo, com "s") acaba de centrifugar "Sophisticated lady" à frente da orquestra de Duke Ellington, e aproveito para alfinetar o amigo: você o ouviu no Municipal? Não, não ouviu. Ponto para mim. É igualmente um apaixonado por Betty Carter, já dançou com ela? Não, não dançou – só com Elizeth. Dois a um. Propala, aos não sei quantos ventos, que sou um homem realizado e que consegui realizar tudo que sonhou: ser parceiro de Pixinguinha e Cartola, revelar Clementina de Jesus, ser gravado pela Elizeth, essas coisas. Não sabe da inveja (daquelas saudáveis) que lhe tenho: os livros maravilhosos que publicou e que volta e meia releio com a boca sabendo a abiu e carambola. As histórias que sabe contar como ninguém quando está numa roda de amigos, que os tem a mancheias e que dariam para formar um GRCSC (Grêmio Recreativo Carnavalesco Sérgio Cabral). Ou, que delícia!, quando repassa suas vivências pelo teclado do computador, seu mais recente avanço tecnológico, que ele maneja como se tocasse piano igual a Nonô ou Radamés. É um catedrático na música popular, pesquisador no sentido mais lato. Dele, repito, invejo tudo: seu estilo de contador, a barriga cada vez mais protuberante e agora sustentada por suspensórios, as eternais olheiras que fazem a delícia de seus amigos cartunistas, a capacidade que tem de chorar à farta quando fala de Elizeth, a confissão que faz de sua incapacidade de dominar uma certa timidez diante de seus ídolos, embora seja amigo de Chico e Tom Jobim, assim como foi de Ciro Monteiro e Ismael Silva. Ismael que, aliás, foi o responsável pelo início do nosso relacionamento. Conheci-o através do sambista, que me levou à igreja onde Cabral se casou com Magali. Registre-se, pois: conhecemo-nos há mais de quarenta anos e saudamos isso diante das fotos emolduradas dos não sei quantos netos que, igual a Paulinho da Viola, é pródigo em acrescentar ao seu currículo de avô coruja, de amigo em tempo integral.

Diante de um Chivas, cuja monumentalidade lembra uma catedral de Gaudí, e que uma recente isquemia me impede de partilhar com ele, Sérgio Cabral vai dar seu testemunho sobre Chico. Antes de tudo, a história do cheque recebido pelo Ismael e enviado pelo Chico, que estava de viagem marcada – isso recorda com poucos detalhes – e não compareceu à cerimônia de entrega numa festa que ele, Sérgio, recorda vagamente ter organizado.

Ismael era pessoa extremamente orgulhosa, e Sérgio ficou temeroso de que ele interpretasse como esmola ou coisa parecida o presente enviado pelo admirador. Mas não, "realmente recebeu como homenagem, ficou comovido". O temor de Sérgio tinha fundamento. Convidado certa vez por Carlos Alberto Loffler para participar na TV Globo do *Levanta a poeira* (1977?), na quadra da Mangueira, Ismael foi incisivo: só iria pelo mesmo cachê do Roberto Carlos, *"quin-ze mil cru-zei-ros"*. Aceitaram, até porque Ismael ignorava que o cachê do

Roberto era de duzentos, por aí, e a linha do programa era mais voltada para o trabalho desenvolvido pela Clara, por Altamiro Carrilho, Abel Ferreira, Clementina de Jesus – e, claro, por ele, um dos fundadores da primeira escola de samba, a Deixa Falar, e autor de sambas maravilhosos iguais àquele que Gal imortalizara numa regravação emocionante, o "Antonico".

Quanto à influência de Ismael (e também a de Ataulfo Alves) na obra de Chico, Sérgio não consegue detectá-la. Aventa a hipótese de, quem sabe, Chico querer reverenciar a admiração que o pai, o historiador Sérgio Buarque de Holanda, igual a Prudente de Moraes Neto, nutria pela obra do sambista do Estácio e também pelo Ataulfo. Sérgio e Prudentinho (assim era acarinhado pelos íntimos) eram como irmãos, amicíssimos, esclarece Sérgio, e íntimos de Ismael, um pouco menos de Ataulfo. A admiração de Prudente o Ismael gostava de alardeá-la, contando que ele o levava à casa de Aníbal Machado, onde se tornava centro das atenções com seus sambas, alguns de parceria com Newton Bastos, outros com Noel Rosa. Sérgio estranha que a óbvia influência de Noel não tenha sido logo aclarada pelo próprio Chico. Isto até um especial da Bandeirantes (dezembro de 1993), quando confessou ser não só um afluente do caudaloso rio chamado Dorival Caymmi e – ah! como custou a revelação – também de Noel Rosa.

Influência de Ismael? Não vê. Vejo eu um paralelismo assimétrico no enfoque de certos temas, como na epistolografia de "Caros amigos" (de caráter eminentemente político) com o genial "Antonico", em que é prevalecente o sentimento de solidariedade. Aquele samba, aliás, tem uma bela história esclarecida por Marília T. Barboza na biografia que fez de Pixinguinha: Ismael estava carente de trabalho e delegou a Pixinguinha a função de portador de um apelo ao musicólogo Mozart de Araújo, discípulo de Mário de Andrade, para que arranjasse uma "colocação" para o sambista. Cotejando a carta assinada por Pixinga (e na verdade redigida por Ismael) com o samba posteriormente composto, nota-se que houve uma genial transposição temática: Antonico é Mozart de Araújo; o Nestor carente de auxílio é o próprio Ismael. E, oculto por elipse ("faça por ele como se fosse por mim"), nosso "São" Pixinguinha.

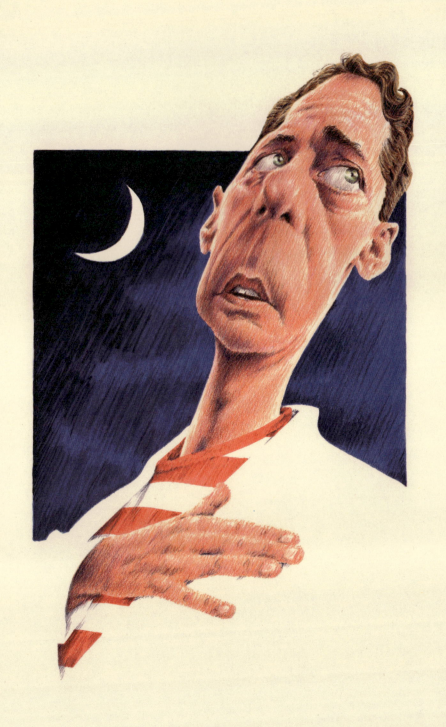

CHICO BUARQUE DE MANGUEIRA, PAULA DO SALGUEIRO E LA VECCHIA SIGNORA

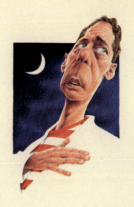

Quando acabou o desfile, vi um de meus companheiros da comissão de frente da escola passar pelo meio da multidão, como se um simples mortal fosse. Logo ele, o mais conhecido de todos nós, possivelmente o mais amado pelo povo que, há pouco, quase rompera o isolamento e, despudoradamente, tentara agarrá-lo durante o desfile – ele sob os *flashes* de uma chusma de fotógrafos.

Sim, o tema do enredo era Carlos Drummond de Andrade, o ano, 1987. Agora, sem nenhum segurança por perto, ainda não totalmente desembaraçado dos complementos verde-e-rosa que o faziam mais fidalgo do que os fidalgos daquela corte, ele passa quase que incógnito. Talvez o passo ligeiro não dê conta à multidão de sua presença – coisa que um ou outro nota, mas sem alardeamento. Ou porque o carnaval e seus ritos fossem mais significantes que aquele moço magro e de andar naturalmente apressado, naquele momento.

Estranhei que não reconhecessem Chico saindo da passarela, como estranho agora a velha deusa, por mim venerada desde a infância, passando vagarosa, a carregar a carcaça gorda e suarenta. São umas sete décadas de vida que ela desfila, também incógnita que nem o outro, pela porta da leitaria antiga, a Gibi, vizinha à velha praça Tiradentes. Sob um sol destrambelhadamente escaldante, interrompe de repente seu voo e se escora na parede. É Paula, que, guardadas as proporções entre os desfiles de hoje e aqueles outros a que assistíamos de pé sobre caixotes alugados ou que levávamos de casa, fora tão conhecida quanto o menino de olhos ardósios. Quando Paula do Salgueiro passava, havia como um estremecimento na avenida, uma ejaculação coletiva diante daquela monumentalidade de alcatras maminhas chãs-de-dentro e filés-mignon, mais de cem quilos encarapitados na sandália prateada, ela envolvida em sedas, tafetás e cetins e lantejoulas – e o povo a aplaudia vendo-a levitar, soberba, garbosa. Agora, ninguém ali sabe de sua história, dos refletores que se acendiam à sua passagem, todos súditos reverentes à majestade que espargia como espargem os olhos de ardósia do compositor que, quase em estado de invisibilidade, some na multidão no meio de outras paulas, zés e manés, zicas e tias sulucas e suricas.

Foi então que um jovem negro, trajado de conde ou barão ou duque, sei lá, me pareceu saído de um túnel misterioso e indefinido. Sob os filtros de uma luz que o punha ainda mais retinto, graxoso, tinha a virilidade quase exposta, quase se expelindo sem vergonha da malha branca, justa. Ao norte, carregava uma áfrica de bandas roliças e altaneiras, como um par de volumosos e eretos seios posteriores entre o torso e as pernas.

Caminhava caminhando compassado por um surdo de escola que ainda teimava em evocar o desfile terminado. Ele era todos aqueles negros que construíram a praça Onze com suas navalhas e tamborins, com seus jogos proibidos e suas cachaças intermináveis. O torso nu causava deslumbres, era um deus apolíneo com dentes que refulgiam ante os reflexos da manhã, mesclado a outros nobres de dentes cariados e bocas lambidas pelo tempo. Mas ele deixava-se sorrir ao vento, ele estava ao vento, flutuava que nem tijolo ou que nem as irmãs, marinhas e altaneiras, águias destemperadas flutuando sobre as cabeças da bateria, o povo rugindo àquelas coxas marrons e aos seios nobres que se deixavam pouco entrever nas rendas de seus torsos.

Agora quem passa pelas sombras da estátua em pixaim e cobre é um velho que há pouco foi-se pelas asas do esquecimento, esfrangalhado. Ninguém sabe que ali vai Leléo, encarquilhado e tão sublime que nem "seu" Zé Ramos, que há pouco, em verde-e-rosa, passou ao lado de Zica e Neuma e Delegado e Mocinha.

Misturo-me na concentração entre operários, donas de casa, traficantes, mandarins, avós, feirantes, bancários, proxenetas, banqueiros e a gente do povo dos morros em menor proporção; velhas baianas de óculos de lentes fundo de garrafa em suas sete saias farfalhantes, evoluindo entre putas e viados e entendidos. O tocador de surdo lascará seus dedos e os fará menstruar sobre a pele de couro de seu instrumento. Alguns narizes já se socorreram em fileiras de pó nos banheiros sujos e de estranhas algaravias, as mulheres se beijando na boca, deslumbradas e deslumbrantes algumas, outras cicatrizadas por cirurgias que lhes ataram risos fixos e inafrouxáveis e igualizantes. Elas odaliscas, princesas das czardas, eles piratas chupando beijos de marinheiros-sós. As siliconadas das sesmarias do Sul apalpam habitantes de extremas sesmarias: roqueiros, japoneses, javaneses, americanos, franceses, operários, doceiras, o chincheiro tocador de tamborim com um olho nas varetas e outro na polícia. Mulheres deslumbrantes com rijos seios e bundas expostas e alegorias como se fossem aerofólios; madonas, marajás, elfos – e agora passa a globeleza nua, protegida apenas por paetês e lantejoulas, e passa também a passista com o corte da cicatriz exposta sem pudor.

Ora vos conto: meus olhos fizeram um *traveling* pela avenida e se fixaram numa figura que, debruçada no aramado que separava o povo do outro povo que desfilava, tinha seus sapatos borrifados pelo lavador a jato que lavava a pista, agora varrida pelos garis. Ela tão anônima quanto o passista que agora passou por ela se arrastando em cansaço. Deslumbrante espetáculo: *la vecchia signora*, o mito Lollobrigida de há décadas, mergulhada num anonimato feroz. Se um locutor a apontasse ali, provocaria uma lascívia coletiva naqueles homens de quarenta, cinquenta anos que, evocando a deusa, lambuzariam os dedos e lhe renderiam novas masturbações – e ela flutuaria num mar gelatinoso e branco rescendendo a água sanitária.

E chega outra deusa, ebanácea e vergada pelo tempo, uma rainha Ginga, desfilando portentosa sob pálios: Quelé em rendas e colares de vidro, Pé Grande vigiando-lhe os passos, enxugando-lhe a testa e lhe fornecendo o cinzano e as empadinhas que ela mesma pilotou no fogão a lenha. Sua escola é verde e é rosa e é um catavento a girar, e ela, majestade africana, ao giroflê e giroflá, num mar de rendas e torsos de seda. Refulge, exala mirra e também o mijo que há pouco, se estremunhando, espargiu num canto da pista, agachadinha mas altaneira.

Entre tias amélias sedatas prescilianas e ciatas, eis que o milagre irrompe na voz do jequitibá mais velho, voz anavalhante, cantando, apenas com um surdo ao fundo, que sua escola é um cenário de beleza e que, quando no morro amanhece, seus barracões de zinco fulgem que nem estalactites. O mais amado de olhos de ardósia é agora o homenageado. E o seguiremos, súditos, em alas. Os fogos espoucam, as arquibancadas fremem, outros leléos e tijolos e paulas virão agora entre marquesas e viscondes: a voz de Jamelão já deu o grito de guerra.

Vai começar o desfile.

*

JAMELÃO E OUTROS JEQUITIBÁS: O MISTÉRIO DAS VOZES

Sou birrento com certos cantores irritantemente perfeitos: nunca desafinam, têm um diapasão na garganta, são tão hábeis no manejo da voz quanto um piloto da Fórmula 1 ao volante. "Fulano é incapaz de uma derrapagem musical!" – já ouvi dizer isso, e isso, particularmente, não me interessa se vier desacompanhado de uma mínima emoção, de uma coisa chamada sentimento.

Lembro de um fato acontecido em São Paulo na casa de Elis. Sim, Elis Regina. Conversávamos, aliás, discutíamos (com ela era oito ou oitocentos, tudo e muito convulsiva e apaixonadamente) quando ela interrompe a conversa para, num repente quase grotesco, gritar para o aparelho de rádio que transmitia uma determinada música de um indeterminado cantor: "Põe um diapasão nessa garganta, porra!". Essa a Elis que eu gostava, berrando no Teatro Princesa Isabel que Márcia "é a maior cantora do Brasil", em outras épocas dizendo o mesmo de Zezé Gonzaga e, por último, falando sempre de Bethânia – e, claro, se desguiando de Elizeth, por motivos extramusicais. Elizeth, dedo na cara de Elis: "Você pode não me respeitar como cantora, mas me respeite como mulher que poderia ser sua mãe". "A Divina" era admiradora de Elis. Sou admirador de Elis, uma cantora perfeita e uma intérprete sensível. Coisas raras de serem conjugadas.

Mas que coisas são essas? O leque de aversões com que me abano venta muito mais que o de Elis. Se fulana não derrapa, com beltrana se dá um fenômeno raro: diante de uma letra de melhor qualidade é capaz de cair num espasmo convulso e, para ela, um simples dicionário já é uma afronta. Imagine-a, então, lendo um livro inteiro, conhecendo um poema do Drummond – *vá-te*! Já sicrana não tem sob controle as válvulas da emoção, que a emulsionam sem medir a pressão das lágrimas e o ribombar dos soluços. Deltrana, então, sob uma chuva de acentuações tônicas absolutamente equivocadas, exibe, sem qualquer inibição, uma trôpega musicalidade que a faz desarrumar harmonias, entortar linhas melódicas, atravessar compassos, tornando-a um caso único em seu gênero – se a essa patologia podemos chamar de gênero. E existem as feltranas policrômicas, aquelas que promovem verdadeiros torneios olímpicos e aeróbicos através das canções com as quais se vingam dos deuses da música, movidas sabe-se lá por quais sentimentos os mais hediondos. Adoram, por exemplo, dobrar as vogais, como se fossem elementos gramaticais que alguém pudesse tratar como um origami, com todas as dobraduras imagináveis. Nisso, algumas vezes, recebem a ajuda de arranjadores que ficam naquela punhetação, naquele bate-estaca sem fim, naquelas harmonias repetitivas – todos fazendo arranjos com pau mole, sem conseguir ejacular um compasso mais original, promovendo flatulências musicais sem o mínimo pudor. Sei lá: faltam-lhes hormônios e aquele negócio que dá na gente de vez em quando, como é mesmo? – libido, a libido em ebulição.

Isso tem a ver com o que desejo falar a respeito do cantor Jamelão. Ele tem um matizamento epidérmico raro: é negro, é azulado, marrom-glacê, por vezes prateado, e guarda a atemporalidade na garganta, daqui a pouco centenária. E é marrento, turrão, zangadiço e até quizumbeiro quando o chamam de puxador ("nunca me viram puxar fumo, puxar corda, puxar saco – como é que sou puxador?

Sou é intérprete!" – se defende o velho e imbatível jequitibá). E, para atazanar a paciência dos outros e atiçar-lhes a curiosidade, ainda usa uns elásticos nos dedos, com os quais fica praticando aquela brincadeira antiga que talvez não seja do seu tempo, meu leitor: cama de gato.

Estávamos certa feita numa reunião: piano no centro da sala, uísque farto, conversa sem muita sustança – e eis que o grande intérprete se ergue e chama o Luiz Carlos Vinhas. Antes disso acontecer, convém notar, uma cantora com voz de alface se apresentara seguida de outra, que provocou o comentário do turrão: "Esta sabe das coisas". Era Áurea Martins. Sublime. E aí Jamelão canta, pondo à mesa uma fartura de ingredientes os mais coloridos. É como se Van Gogh ou *el viejo don* Pablo Ruiz Picasso resolvesse pegar sua paleta e, sobre o quadro alvar, começasse a esparramar as tintas e promover um festival cromático. Mas com algo mais: sentimento.

Poderia, como despudorada forma exibicionista, dar uns dois ou dez exemplos de coisas que me comoveram, além daquela noite em que Jamelão deixou caírem-lhe as folhas raras do jequitibá frondoso que é. Quando, num ensaio, Elizeth cantarolou uma canção cuja harmonia o Baden procurava aperfeiçoar ainda mais (nem cantarolava, "a Divina"; sua voz interior é que se agigantava, ela com os olhos cerrados, os versos por vezes vindo à tona, a poesia ainda em estado de dicionarização interna), foi se fazendo um silêncio no estúdio, sem que ela percebesse.

Outra divina, Sarah Vaughan, *the Divine One*, está agora à minha frente, em minha casa. Me seria exigido longo exercício de memória para falar do convite que me fez para produzir um disco seu no Brasil. Não, ela não tinha nenhum contato específico com qualquer gravadora, e levei a proposta à Odeon, que arrogantemente declarou que estaria de portas abertas para receber a cantora, mas que ela desse o primeiro passo. Uma forma, penso agora, de negociar o barateamento dos custos de produção. Não chegaram a nenhum acordo, e o disco foi ser produzido por quem de direito, Aloysio de Oliveira.

É preciso que voltemos à minha casa para explicar que reuni alguns compositores em torno da cantora que faria, dois dias depois, um concerto no Theatro Municipal. João Bosco agora está cantando "Transversal do tempo". "Elis", ouço-a sussurrar para um de seus músicos, qualificando a intérprete da música, com quem desejava encontrar-se em São Paulo. Dei-lhe o telefone e Elis, conta-se, esnobou o encontro. Não beijaria a outra bicuda, imagina-se.

Reouço agora o registro daquela noite: ela fazendo uma segunda voz para João Bosco, velejando em oitavas impensáveis na "Transversal do tempo", para irromper num "Dindi" a *mezza voce*, Mauricio Tapajós ao violão, ela como se estivesse aprendendo a canção ou a entoando pela primeira vez, que nem Elizeth naquele dia.

Dá-se o mistério do alface: Sarah Vaughan é voz e sentimento, policrômica; nada ela canta sem visceralidade. Se esquece a letra, não disfarça: um *scat* substitui as palavras suprimidas, e ela vai do registro de contralto como o de Marian Anderson ao de um soprano ligeiro, como Martha Eggerth. Mas nem tudo é só voz, e nada ou nunca é apenas malabarismo. Sua admiração por Elis e Elizeth se dá por esse caminho: todas elas cantoras técnicas, sim, mas emocionais também. Quem já viu e ouviu Elis cantando às lágrimas o "Atrás da porta" de Chico/Hime sabe do que estou falando, assim como Elizeth mal conseguindo concluir "Todo o sentimento", naufragada num pranto quase convulso. Como esquecer aquele momento?

Histórias se contam: eu conseguira convencer Elizeth, a duras penas, a cantar "Demais" (Tom Jobim/Aloysio de Oliveira) a *cappella*. Lembro que esse registro de 1967 (*A enluarada Elizeth*, Copacabana Discos) passou a ser uma referência para muitos músicos que, de diapasão em punho, conferiam a afinação absoluta da Divina e o sentimento transbordante que derramava em seu ofício de cantadeira do amor. No ano seguinte, no concerto repartido com Jacob do Bandolim, Zimbo Trio e o Época de Ouro, ela tiraria o fôlego de todos ao cantar "Serenata do adeus" sem qualquer acompanhamento. Dos mais longos aplausos que já colheu em vida.

Conto à Sarah aquela experiência, e do meu irreprimível desejo de ouvi-la cantar "Summertime" sem qualquer músico a acompanhá-la. E vou mais adiante: que o faça no concerto que daria no Theatro Municipal, dia seguinte. Depois do vigésimo uísque tornamo-nos mais irresponsáveis do que de costume e, mesmo depois de infindáveis caipirinhas que estava desejosa de experimentar e de um baseado que a produção providenciou, *the Divine One* foi peremptória no seu não. Um não enfático, definitivo, quase desafiador. Imaginou, justifica, se no meio da música ela baixasse ou elevasse o tom, meio-tom que fosse, uma mínima coma (microtom, quase a nona parte de um tom, falha imperceptível ao ouvido humano) – ah! giletaria os pulsos, atearia fogo às vestes ali mesmo no palco. "*Put your horses off the rain*", foi mais ou menos assim que entendi o recado. E, rindo, me aconselhou que esquecesse meu pedido para todo o sempre, o que evidentemente não fiz.

Nem ela. Num determinado momento do concerto, uma pausa – como se procurasse um chão inexistente para o grande salto no escuro. E "Summertime", afinal, ela canta com a magistralidade dos deuses, passeando por todas as regiões vocais que sua privilegiada garganta permitia. Minto, não cantou: foi como se ela mesmo estivesse sob o teto de uma basílica, e nessa basílica ela construiu todos os vitrais, um a um, e fez-nos seguir os passos da Paixão, enxugou a face de Cristo, consagrou a hóstia, o pão, o vinho e deste se embriagou.

Como a revista *Down Beat* não é leitura obrigatória para ninguém, vale consultar a edição em que conta o episódio, a origem do pedido, e o porquê de ter instituído aquele número em suas apresentações.

***

Volto à sala onde o velho jequitibá está diante do piano. Mesmo se fosse toda branca a casa, os sofás, o piso e todos os acessórios domésticos – a mais insípida folha de alface se cromatizaria diante daquela voz transformadora, nascida das entranhas de um jamboleiro de casca tanífera com folhas coriáceas e pequenas bagas elipsoides, voz que lembro agora, transbordante como voluptuosa cachoeira, negro rijo que nem um jequitibá, frondoso que nem as mangueiras que o sombreiam em seus quintais.

ELIZETH CARDOSO, A REVOLUCIONÁRIA

    Vamos virar a ampulheta, retroceder uns tantos anos, e perceber que, na cozinha, existe uma certa algaravia, um destampar de panelas misturado a exclamações de todos os tipos – e a pergunta habitual: hoje tem bolinho de jiló?

    Quem chega é Elizeth, sempre entrando pela cozinha para, gulosa, inspecionar as panelas. Para quem não conheceu "a Divina" e "Enluarada" pessoalmente, devo esclarecer que ela não é de ir a lugares enfumaçados e rescendentes a bebida. Já trabalhou tanto ganhando a vida com sua voz privilegiada, que hoje é seletiva. Por exemplo, só sai de casa para ouvir, vamos a um só exemplo, uma Áurea Martins. E aí não economiza elogios, como se comprova em sua biografia escrita por Sérgio Cabral, onde inclui Áurea entre suas intérpretes preferidas.

    Se estou falando de Elizeth é porque minha relação pessoal com "a Divina" era meio de irmão um pouco mais novo, de chegar ela em casa e, perguntada como andava de amores, dizer em alto e bom som: "Não tenho nem quem me mande à merda!". Mentira pura, engodo inútil: era difícil imaginar aquela figura linda, pernas e braços roliços, de elegância natural, encerrada num claustro.

    Há algum tempo o Luis Fernando Verissimo escreveu uma belíssima crônica intitulada "Revolucionários", centrada nas figuras de Miles Davis e Elizeth. Miles era um revolucionário, que transitava por todas as vertentes modernas do jazz, surfando no *bebop*, inventando o *cool jazz* e trocando-o em seguida por outra invenção presumivelmente sua, o *hard bop*. Isso não o impediu de gravar um disco inesquecível, o *Porgy and Bess*, que teria uma versão maravilhosa com Louis Armstrong e Ella Fitzgerald e outra, se não me engano, com Ray Charles e Betty Carter. Mas, insatisfeito, ei-lo agora lançando o *Kind of blue*, numa experiência que chamou de jazz modal. E aí, conclui Verissimo, eis que Miles surge de túnicas coloridas, fundindo o jazz com o rock. Mais radical, impossível.

Verissimo, enfim, encontra similaridade entre Miles Davis e Elizeth Cardoso no quesito "revolucionários". Cita o célebre *Canção do amor demais* (1958), ela juntando Tom e Vinicius, e fazendo-se acompanhar pelo violão de João Gilberto, mas negando-se a entrelaçar-se no modelo de canto minimalista com que ele tentara seduzi-la, sem sucesso. A bossa nova, como a conhecemos, não começaria ali na interpretação de Elizeth, mas um tempo depois, quando João, enfim, conseguiria impor sua estética. Verissimo cita não só esse disco, mas também o *Elizeth sobe o morro*, que tive o privilégio de produzir para "a Divina". A fantástica intérprete de Tom e Vinicius aparece agora acompanhada por um outro violão, cujas estranhezas logo fariam celebrizar seu executante: Nelson Cavaquinho. Colocá-lo acompanhando Elizeth, e cantando com ela, foi sim uma atitude que afrontava as regras ditadas pelo mercado. Porque tudo ali se contrapunha à estética joãogilbertiana: a voz rascante de Nelson, seu violão quase primitivo, de uma rudeza transcendental, tudo transpirava beleza. Lembraria ao Verissimo outras atitudes revolucionárias de Elizeth: cantar a *Bachiana nº 5* de Villa-Lobos sob a regência de Diogo Pacheco, isso em 1964; deixar-se flutuar na "Melodia sentimental" do mesmo Villa, num dos *Concertos para a juventude*, acompanhada pelo violão erudito de Turíbio Santos e se enredando também nas cordas de Baden Powell; ou interpretar um Cláudio Santoro impecabilissimamente para, em seguida, fazer dupla com quem? Ciro Monteiro. E como não citar o concerto no Teatro João Caetano, em 1968, ela ao lado de Jacob do Bandolim, Zimbo Trio e Época de Ouro? E, igual a Miles Davis, também vestia por vezes as túnicas coloridas para ir gravar seus dois discos terminais: *Ary Amoroso* e *Todo o sentimento*, este último acompanhado pelo sete-cordas de Rafael Rabello. No estúdio, algumas vezes, pedia um tempo para deitar-se e contorcer-se de dor com o câncer que a levaria logo depois, sem poder alcançar o lançamento daqueles dois trabalhos.

Se conto essas coisas, tantos anos após o desaparecimento de Elizeth, é para ampliar o conceito do grande Verissimo, que se pergunta, ao final da crônica, "se Elizeth subiu o morro no mesmo espírito com que o Miles voltou ao *hard bop*". Num programa de televisão, armei uma cilada para ela: "Tom Jobim ou Pixinguinha?". E "a Divina", sem pestanejar: "ora, fico com os dois". Subir ou não o morro, pisar o palco do Theatro Municipal, deixar-se levar pelo Brasil afora com o piano de Radamés e da moderníssima Camerata Carioca, cantar *a cappella* a "Serenata do adeus" fazendo o público debulhar-se em lágrimas inestancáveis e ovacioná-la de pé – nada fazia diferença para Elizeth, desde que a qualidade, e os riscos a ela inerentes, estivessem presentes.

Revolucionária, sempre.

*

DIVINA, ENLUARADA, FAXINEIRA DAS CANÇÕES

Não me lembro de outra cantora brasileira que tenha acumulado tantos adjetivos, ao longo de sua vida, quanto Elizeth Cardoso. Eu mesmo a chamei de "Enluarada" e "Cantadeira do Amor", outros a chamaram de "Magnífica" ou a louvaram de outras formas. "Palavras, leva o mar" – eternizou esse verso numa de suas canções. Mas as águas não riscaram da areia do tempo o título que mais a identificava diante do povo: "a Divina", cunhada por Haroldo Costa. Lembro do conselho que lhe deu Sarah Vaughan, quando Elizeth lhe confessou o quanto aquele adjetivo pesava em sua carreira: que não abdicasse dele, ela o havia conquistado. Palavras de uma divina para outra.

Quando nasceu em São Francisco Xavier, Rio de Janeiro, em 16 de julho de 1920, pode-se dizer que o sangue da música já transbordava em suas veias e iria depois transfundir-se para as nossas. Dona Moreninha, sua mãe, era uma baiana que gostava de cantar e que juntara a fome com a vontade de comer quando escolheu como parceiro de vida um enfezado seresteiro tocador de violão, "seu" Jaime, que haveria de cercar de alguns zelos aquela menina que, aos 5 anos, já subia no palco da Sociedade Familiar Dançante Kananga do Japão, para mostrar suas artes. A Kananga ficava, é claro, na praça Onze – reduto do samba, nas imediações da célebre casa de Tia Ciata, para onde Elizeth escapulia de vez em quando, revela Sérgio Cabral, na imprescindível biografia *Elisete Cardoso: uma vida*. No seu caminho, haveria, ainda, o circo improvisado nos quintais vizinhos e onde, "muito exibida", como gostava de lembrar, se esbaldava no repertório de Vicente Celestino, a quem, aliás, se dirigia respeitosamente como "seu Vicente", como certa vez constatei. Havia as escapulidas para ir foliar no Turunas de Monte Alegre, as domingueiras dançantes, que dançar era com ela mesma.

Dez anos depois, sua vida ganharia um novo impulso: na festa de seu aniversário, pediram que cantasse. "Qual é a música?" – lhe perguntou um dos acompanhadores, não por acaso Jacob do Bandolim. Sua vida de menina que trabalhara como pedicure, cabeleireira, telefonista, peluqueira e vendedora de cigarros na rua São José, entre outras tantas profissões que a afastaram dos bancos escolares, ganhava, naquele momento, um rumo que seria definitivo. E aquele dia acha-se registrado pelo próprio Jacob, na gravação do concerto que, em 19 de fevereiro de 1968, dirigi no Teatro João Caetano: ela, a já Divina Elizeth acompanhada em público, pela primeira vez, por seu descobridor, Jacob do Bandolim, e também pelo Zimbo Trio e o conjunto Época de Ouro. Naquela noite, o bandolinista se confessava orgulhoso de havê-la descoberto e encaminhado à Rádio Guanabara, começo de tudo. Ou, também, o recomeço de novos sacrifícios.

Negar o breve e infeliz casamento com o comediante Tatuzinho e a consequente busca do sustento para seu filho como *taxi girl* do Dancing Avenida? Negava, não. Envergonhar-se daqueles tíquetes picotados por suas próprias e pesarosas colegas, já que não arredava pé de dar um "chega pra lá" nos mais salientes que lhe sopravam indecorosidades ao pé do ouvido? Não haveria por quê. As mãos ásperas da lida com a embalagem de sapólios, maltratada pelos detergentes, saberiam, com certeza, estapear o afoito que violasse as regras do jogo. Era *taxi girl* sim, prostituta não. Queria mesmo era estar sempre em cima do palco, cantando, cumprindo seu destino.

Para encurtar a história, e até que isso acontecesse, a menina mirrada e audaciosa foi *crooner* de orquestras e suou um bocado para gravar seu primeiro 78 rpm, daqueles antigões, pretos, logo recolhido à fábrica por ter sido prensado com defeito. Mas, em 1951, o Brasil inteiro cantava com ela "Canção de amor", elevando-a ao *status* de estrela. ("Estrelas / vivem no céu sozinhas", entoaria nos versos do único samba que compôs, confessional, desabafando: "Estrelas / eu nunca fui feliz...". Pode não ter sido, mas sua voz foi um bálsamo para muitos corações.)

E quem, daquela época, não atravessou as portas do Cangaceiro para ouvi-la cantar com o violão de Manoel da Conceição? Depois viriam outros seis-cordas: os de Roberto Nascimento, Rildo Hora e, tantas vezes, Nanai. Sem esquecer, claro, de Baden Powell. O Brasil curva-se ante seus *erres* característicos, seu timbre de enorme beleza, sua afinação e musicalidade extremas, que lhe permitem cantar *a cappella* músicas de imensa dificuldade técnica ou penetrar no universo de Villa-Lobos, Cláudio Santoro, Tom Jobim, Radamés Gnatalli, Custódio Mesquita, Valzinho.

Contabilizo alguns fatos importantes, como o seu primeiro LP em 1955, o *Canções à meia-luz*, com arranjos de Tom e Radamés, e o antológico disco de 1958, só com canções de Tom e Vinicius, João Gilberto a acompanhá-la em "Chega de saudade" e "Outra vez" – nascia ali o embrião da bossa nova. (Vinicius e Toquinho registraram num samba aquele disco: "Rua Nascimento Silva, 107 / Você ensinando pra Elizeth / As canções de *Canção do amor demais*".) Além disso, contratos em diversas rádios (como a Nacional), o início de inúmeras viagens ao exterior, grandes shows musicais, programas de TV, as passagens pelo cinema (numa delas acompanhada por um jovem e tímido João Gilberto ao violão). Lurdes, irmã do coração, sempre por perto.

Em 1964, seria a primeira cantora popular a postar-se diante de uma orquestra de *cellos* para interpretar a *Bachiana nº 5* de Villa-Lobos, nos recintos sagrados dos teatros municipais de São Paulo e Rio de Janeiro. No ano seguinte, a TV Record resolveu fisgá-la para fazer o *Bossaudade*, contraponto ao sucesso de Elis Regina com o *Fino da bossa*. Levou Ciro Monteiro para coestrelar a série.

"Rainha dos Músicos", adoção de novos filhos, chegada dos netos, shows antológicos com Bibi Ferreira e Millôr Fernandes – ela tirando os sapatos no palco do superlotado Canecão e sambando como nos tempos do Turunas. Seu círculo de amigos, nas mesas do Villarino, do Recreio: Antônio Maria, Vinicius, Fernando Lobo, Evaldo Rui, Eneida, Ary Barroso. Seus fãs: Erico Verissimo, Nelson Rodrigues, pintores, poetas, seresteiros – quem no Brasil não se ajoelhou diante dela?

Quando empresta sua voz à atriz Marpessa Dawn para cantar "Manhã de carnaval", de seus amigos Antônio Maria e Luiz Bonfá, seu nome não aparece no disco e ela dá de ombros para aquele sucesso, que leva sua voz para todas as partes do mundo. Mais uma peça que a vida lhe prega. "Outros sucessos virão", deve ter pensado, e vieram: "Nossos momentos", "Magnífica", "Naquela mesa", novas músicas de Vinicius, em parceria com Baden, ela revelando novos autores e gravando uma série de LPs intitulada *Meiga Elizeth*, com o sax de Moacyr Silva, e outros em duo com Ciro Monteiro e, depois, Sílvio Caldas. Ah, sim!, inaugurando-me produtor do *Elizeth sobe o morro*, só com músicas do meu *Rosa de ouro*. Segue com Clementina de Jesus e Paulinho da Viola para o Festival de Artes Negras do Dakar, cruza outros oceanos. O coração vai colecionando amores, a carreira abarrotando de troféus suas prateleiras, obrigando-a a doar tudo para o Museu da Imagem e do Som.

Depois de fazer o Brasil ir às lágrimas com sua comovente interpretação do "Apelo" de Baden e Vinicius, irá diversas vezes ao Japão, onde grava discos e inaugura um *pub* com seu nome. Mas, fiel, nunca deixa de ir saracotear no Bola Preta ou de sair em destaque na sua Portela. Junta-se ao piano de Radamés e aos meninos da Camerata Carioca e sai pelo Brasil no Projeto Pixinguinha, semeando uma nova geração de admiradores. Grava com assiduidade seus LPs, alguns antológicos, outros regulares, mas todos sem concessões. "Elizeth não vende", espalham. Seus álbuns seriam dos mais reeditados na era do CD, aqui e no exterior; perdi a conta dos discos que produzi para ela, dos espetáculos em que a dirigi.

Da última vez que foi ao Japão, a terceira, sempre ovacionada pelo público, volta com um câncer. É operada, mas retorna ao mesmo palco do Municipal que a ovacionou cantando as *Bachianas*, agora homenageando Herivelto Martins, detentor do Prêmio Shell. Cantar, precisa cantar não só para viver, mas também para curar as dores de um amor que ruiu com estrondo.

Embala o primeiro bisneto. Nova operação, que coincide com um desastre que quase arruína as mãos de Rafael Rabello, um de seus afilhados musicais. Junto-os num espetáculo da série *Seis e meia*, de Albino Pinheiro, e em dois discos sucessivos, um deles em homenagem a Ary Barroso, que em vida a consagrava como a grande voz do Brasil – ela gravando direto com os músicos, Gilson Peranzzetta comovido diante daquela mulher já devastada pela doença, mas cantando de forma admirável. O outro, só com o violão de Rafael, quando ela entra pela última vez num estúdio de gravação, a voz densa e especialmente emocionada em "Todo o sentimento", letra de Chico Buarque, que ela adora. Pede-me que ele escreva a contracapa daquele disco que será seu testamento musical, que lhe valerá o prêmio *post mortem* de melhor cantora do ano: "Preciso não dormir / até se consumar / o tempo da gente".

Dormiu para sempre em 7 de maio de 1990, o texto de Chico na cabeceira: "Elizeth é a nossa cantora mais amada. Voz de mãe, mãe de todas as cantoras do Brasil".

*

ELIS REGINA, VULCÃO E PIMENTA

"**P**odemos conversar?" A consulta pelo telefone me pega de surpresa. Artimanha, acreditava eu, armada pelo meu querido parceiro Mauricio Tapajós, que tinha o dom de aproximar as pessoas e estava assim, unha e cutícula, com a nova amiga. Pudera, que cantoraça! Pespegados na testa, trazia todos os rótulos. O apelido consagrava seu gênio: "Pimentinha". Dizia-se que era meiga quando queria, estrondosa quando se "arrupiava", uma cama de gato que ela armava e desarmava com suas cordas vocais privilegiadas. Era um doce, aquela Elis. Era um vulcão e uma pimenta a tal da Elis. Eu tinha medo de Elis.

A bem da verdade, nunca tínhamos sido formalmente apresentados. Nem quando concorremos, Elton Medeiros e eu, a uma bienal onde o "Lapinha", de Baden e Paulo César Pinheiro, interpretado por Elis, acabou com a festa. Não teve para mais ninguém. Bem, aí estávamos em 1968.

Um dia, a caminho da casa de Dalva de Oliveira em Jacarepaguá, fui levado por Pery Ribeiro ao território inimigo. Ele precisava pegar um roteiro com Ronaldo Bôscoli, com quem ela estava casada. Que dia infeliz, aquele! Ela à beira de uma micropiscina, lendo ou fingindo ler um jornal, fazendo questão de ostentar a mais desdenhosa indiferença para com o visitante. Imaginem-me: eu absolutamente constrangido diante daquela figurinha emburrada muda e cega diante de mim, e já expelindo relâmpagos, vitupérios, enviando torpedos rancorosos para o marido através de uma amiga. Odiei Pery naquela hora: eu era a pessoa errada no lugar errado, invisível aos olhos daquela figurinha pedante, olhos vesgos que eram dois fuzis, duas dúzias de granadas com os pinos prestes a serem acionados. Me sentia inseguro, diante daquele *dobermann* enfurecido.

Ora, Deus meu, que pessoa diferente daquela outra Elis que, embora sem me cumprimentar, passa esfuziante, estancando, reverente, diante de Clementina, pedindo-lhe a bênção, "Deus te abençoe, minha fia". Era um festival, coisa desse tipo, cheguei a tirar uma foto com ela – e eu, claro, um estrume aos seus pés. Uma bosta de cavalo, assim eu me imaginava em sua cabeça.

Mas ei-la telefonando para Milton Miranda, então diretor da gravadora Odeon, dizendo que estava com um "puta" repertório inédito da dupla Aldir Blanc/João Bosco e que não lhe carecia praticar monopólio com aquelas terras produtivas, propondo uma espécie de reforma agrária: que me fizesse chegar às mãos o material excedente. Portanto, as grandes sobras musicais de Aldir e seus parceiros eu comecei a conhecê-las por essa época, graças à generosidade, repito, de Elis. Outro ponto para ela, que poderia, sei lá, ter exigido exclusividade da dupla. Numa época em que praticamente só atuei como produtor de discos, pesquei algumas sobras aperoladas de Aldir e João e as incluí nos repertórios de Simone, Elizeth, Clementina e Marlene.

Misturei e virei atabalhoadamente as folhas do calendário? Com certeza. Antecipei episódios de um confuso novelão? Mais do que provavelmente. Mas, entendam: vivíamos numa velocidade quase suicida, naquele fim de década de 1970, com os acontecimentos se atropelando naqueles tempos difíceis, ainda sob o tacão da ditadura militar. E estávamos envolvidos numa luta ferrenha pela moralização do sistema de arrecadação e distribuição dos direitos autorais. Criamos a Sombrás, uma sociedade de compositores, e Elis foi no embalo e fundou a Assim, apenas para intérpretes.

Voltemos ao início da história. Elis chegou à minha casa, grávida de Maria Rita. Eu providenciara frutas e os congêneres que se oferecem às prenhas, e ela sentou-se no chão – presumo que tenha se fartado das mangas, abius, carambolas e sei lá mais o que encomendei, em meio ao susto da inesperada visita. Ao convidar-se para ir à minha casa, penso que estava, no fundo, a promover-me a alforria, talvez até desculpar-se, ciclotímica que era, pelo nariz que ainda mais se empinava à minha passagem. Agora, estirada no chão, aproveitava para exaltar Isaurinha e Adoniran, segundo ela os retratos mais perfeitos de São Paulo. Fala de Zezé Gonzaga ("a maior cantora do Brasil", declarou a um jornal) e recolhe a língua diante da advertência que lhe faço: falar mal de Elizeth, nem pensar. Ponto para mim. Era rixa antiga, que já lhe merecera o vigoroso dedo em riste da Divina, tipo "respeito é bom e eu gosto". Conta que em sua casa tinha na parede as fotos de Cauby e Ângela Maria. Ponto para Elis. Deitou e rolou falando de Aldir, do imenso poeta que era, da supremacia de suas letras. Mas não poupou Gil e andava também contrariada com Tom; agora, estava em litígio com Ronaldo Bôscoli, já então ex-marido.

Então passou uma pitada de cicuta na língua para fazer o que sempre fez tão bem: descer a ripa na chulipa, bater fundo nos incompetentes, nos arrivistas. Foi quando me convocou para integrar sua gangue afetiva, e lá fui eu comemorar seus 30 anos, ela vestida com um caftan que lhe presenteei, cantando aquele samba de Cartola que diz que basta de clamares inocência, e o *happy birthday* oportunamente substituído pelo hino da Internacional, tocado por César

Camargo Mariano, seu novo marido. E fazíamos planos: um disco dedicado às irmãs Batista, ora se! Elis figuraria na capa ladeada por Linda e Dircinha. Amorosa, escreve, a meu pedido, um bilhetinho para um grande amigo meu, seu admirador. Telefono para ele; o bilhete está se apagando.

Uma história puxa outra: Elis e Áurea Martins, em começo de carreira, participando do *Programa Paulo Gracindo* – a "Pimentinha" vivia sua primeira e equivocada fase musical, com um disco de versões e boleros – e indo à cantina da Rádio Nacional, as duas adoráveis futriqueiras, para tomar café com polenguinho. Lembro também de Zezé Gonzaga: Elis era sua vizinha, do tipo que chegava e ia primeiro cumprimentar a geladeira. Sérgio Cabral conta em seu livro que, visitando o túmulo de Elis, Elizeth pediu para ficar sozinha. Durante quase uma hora ficou ali e, já em retirada, um grupo a apontou: "Olha a Elizeth, a maior cantora do Brasil". E "a Divina", apontando o túmulo de Elis: "a maior cantora do Brasil está ali".

Vem à lembrança uma discussão à mesa do então Café Teatro Casa Grande. Um quebra-pau ligeiro entre ela e o irmão, um doce de pessoa, que morreu num acidente de carro. Um dia, a proposta: estava fundando a Trama Produções (ou coisa que o valha) e logo mandou contratar o "Te pego pela palavra", que fiz para a grande Marlene. "Elis é a minha empresária", dizia Marlene para a imprensa. E eu pensava: "isso vai dar merda". Deu. Mas isso já seria uma outra história.

Vamos deixar que o tempo ajuste em minha cabeça essas lembranças roídas pela velhice e nos deixe à porta da boate Igrejinha, em São Paulo. Elis agora andava brigando por questões de direitos autorais com Miriam Muniz e um cenógrafo famoso. Quem? Não me lembro agora. Expunha suas razões de forma delirante e quase exigindo de mim uma adesão àquela causa aparentemente equivocada. Já tinha o dedo em riste, a chibata pronta, a língua mergulhada em veneno. Fui salvo pelo gongo quando um carro parou e alguém me chamou: era Ângela Maria. Assim me esquivei da discussão (inútil, inútil), pedindo licencinha para cumprimentar "a maior cantora do Brasil", coisa de um instantinho só. Ingênua e despropositada provocação. Deixei Elis vociferando, para em seguida fechar com estrondo a porta do carro e bater em retirada raivosamente.

Desde aquele dia passei a ser para ela o Hermínio "Velho pra Caralho", e nunca mais voltamos a nos falar.

JOÃO GILBERTO, A ESFINGE

Nova York, 1973. Eu dirigia um espetáculo que estava em cartaz no Felt Forum do Madison Square Garden e, do hotel onde fora colocado pelo gringo que nos empresariava (um hotel horroroso, chamado McAlpin, cuja calefação deficiente não aplacava o frio descomunal de um dos invernos mais rigorosos que já passei em minha inútil vida), descolo com Hélio Oiticica o telefone de João Gilberto e ligo para ele.

Foram três longas horas de conversa (adora um telefone), em que falou de Dalva de Oliveira, Linda Batista, Clementina – antenado em tudo. Lembro agora que, ao ouvir minha voz, pediu que eu ficasse em silêncio do outro lado da linha, para sentir se minhas vibrações eram positivas. Graças a Deus passei no teste. Novo telefonema, outras longas horas, combinamos um encontro – Hélio iria também. Ao chegar no lugar marcado, medrei; me pareceu barra-pesada. Voltei no mesmo táxi, perdendo a oportunidade de conhecer pessoalmente um de meus ídolos – esse mesmo que, se encontrar na rua, atravessarei para o outro lado com medo de quebrar o encanto que sua arte me provoca e instiga, sobretudo quando canta o "Retrato em branco e preto".

Que fique bem claro: acho que João também não compareceu àquele encontro. Hélio, com certeza, sim. Fora talvez metido num de seus parangolés para, como sempre, arrepiar a galera do Bronx.

As histórias e estórias que circulam sobre João Gilberto são numerosas e também, algumas, carregadas nas tintas da fantasia. E elas proliferam, porque João se enfiou em seu casulo, de onde sai raramente. Entrevistas? Nem pensar. Portanto, nada de novo tenho a dizer sobre João Gilberto. Aliás, sua melhor biografia está grafada nos discos que gravou, aqui e lá fora. Todos perfeitos, lições que ele vai passando para músicos do mundo inteiro, entre os quais é cultuado feito um Deus Sol, um clarão divino, ou uma esfinge.

Falei em esfinge? Vamos ao *Dicionário Houaiss*: "pessoa enigmática, que pouco se manifesta e de quem não se sabe o que pensa; na Grécia antiga, monstro fabuloso, com corpo, garras e cauda de leão, cabeça de mulher, asas de águia e unhas de harpia, que propunha enigmas aos viandantes e devorava quem não conseguisse decifrá-los". *Vote!* Aparando aqui e ali o verbete, vemos que alguma semelhança existe entre João e uma esfinge. Lembro quando surgiu, o quanto a geração musical da época surtou com aquele violão minimalista, a voz pequeníssima, um enigma – sejamos justos – que nem aparentemente ameaçava rosnar ou devorar quem não o decifrasse.

Lembro também de uma história, que me foi contada pelo Mozart Araújo, pesquisador fantástico, ótimo músico e com uma generosidade enorme que o fez emprestar seu violão raríssimo ao João. Empréstimo perigoso: conta que João se enamorou do violão e só o devolveu depois de uma cobrança nada amistosa. Com asas de águia e unhas de harpia, bem que poderia tê-lo feito pessoalmente. Qual o quê! Entregou-o a um motorista de táxi e confiou a ele a encomenda preciosa. Era a esfinge que, para Mozart, se corporizava como um monstro fabuloso e irresponsável, arrancado da mitologia grega para a Bahia com agá. Louve-se o motorista: o violão chegou impecavelmente afinado às mãos do dono que, suponho, ficou à beira do infarto diante da inusitada devolução.

Um dia, precisei, sim, de João Gilberto. Ele, nas entrelinhas, vinha tecendo louvores ao sambista Roberto Silva, que carrega o título de "Príncipe do Samba". Mandei para ele um recado, junto com um gravadorzinho furreca: que gravasse um depoimento sobre o grande cantor e autorizasse a inclusão de sua fala durante *O samba é minha nobreza*. Confesso que ninguém acreditou na resposta, mas ela veio no formato minimalista de João: "Roberto Silva, o Rei do Samba".

Li uma entrevista do Moraes Moreira, que nos tempos dos Novos Baianos convivia bastante com o João, em que ele conta que foi solicitado pelo cantor a tocar uma música e deu seu veredito: "É tudo muito bom, mas falta olhar para dentro". E Moraes completa: "*Para dentro* era olhar para o Brasil. Depois que me toquei disso, tudo começou".

Foi mais ou menos assim quando, numa resposta à carta enviada por Carlos Drummond de Andrade, Mário de Andrade o aconselhou a aprofundar o olhar para seu próprio país. É esse mesmo conselho, de que "é preciso abrasileirar o brasileiro", que tanto utilizo nas minhas escrevinhações. João e Mário aconselhando as mesmas coisas. Tudo a ver.

ALAÍDE COSTA, A NAVALHA NA VOZ

Foi em São Paulo, num bar da rua Avanhandava, e eu estava na companhia de Aracy de Almeida. Lembro porque Araca, a inesquecível Araca, deu-se a um daqueles seus desfrutes, negando-se a cantar com a desculpa de que quem canta de graça é galo, e saímos dali para um outro bar, onde, contraditoriamente, se esgoelou feito uma tonta sem ganhar um tostão. Sim, esqueci de dizer que estávamos nas beiradas da década de 1960 e que o Jogral, reduto de Luiz Carlos Paraná, era uma espécie de templo onde reinava Alaíde Costa.

Devo dizer que, ao pronunciar o nome de Alaíde, deveria ajoelhar-me e agradecer aos deuses tê-la conhecido e me terem dado as graças de ser seu amigo. E parceiro e cúmplice de aventuras profissionais. Tentei, imprecisamente, buscar a palavra certa, que não remetesse a uma profissão um tanto mórbida que é a do legista – aquele que disseca os cadáveres. Mas que imagem iria eu usar para, com exatidão, dizer o que senti diante de Alaíde quando ela cantou "Retrato em branco e preto"?

Fechando os olhos, era como se estivesse assistindo a um ato cirúrgico: ela, com todo o instrumental às mãos, dissecando cada compasso daquela canção, exaurindo-a e conferindo a cada nota e palavra o sentido mais exato e também mais emocionante. Sou sempre capaz de fazer essas esdrúxulas associações, porque sou indiferente às cantoras que não me anavalham a mais fina pele da alma.

É a sensação que Alaíde me provoca: a de, sem qualquer anestesia, submeter-me à escamação de todas as crostas da minha pele e deixar-me em estado de torpor, quase sedado, durante muitas horas – lembrando-a em suas crispações, sua extrema beleza ebanácea, ela, uma das maiores cantoras do mundo. Dizendo isso apenas reitero com muita firmeza o que já ouvi da boca de tantos músicos importantes sobre essa cantora que a ninguém (ou só aos tontos) causa indiferença. Recordo que a divina Elizeth, por exemplo, a admirava sem limitações.

Alaíde foi a cantora que, de alguma forma, me fez não abandonar a carreira de letrista. Lembro que tinha guardado uma boa porção de composições com algumas estranhezas (é muito difícil explicar o que é escrever um verso que já nasce suspeito por natureza: "este ninguém o decifrará", eu me repetia) e uma delas chegou aos ouvidos de Alaíde, que a cantou. Ali senti que se abria uma porta que nunca mais se fecharia. Eram águas-vivas queimando minha pele, eram as palavras que eu secretara e ela decifrava com seu agudo senso poético – que seus discos, aliás, comprovam sobejamente. E foi esse o título do meu primeiro LP autoral, *Água viva*, em que se dá aquele instante emocionante em que o compositor se sente tocado pelas mãos de Deus.

Poderia contar mil casos sobre Alaíde, as provocações que faço e ela aceita, como gravar um disco inteiro dedicado às músicas de carnaval, para que as pessoas entendessem o sentido de certas canções, que fica oculto porque gravadas sob os excessos próprios do gênero, intensamente povoado de ritmos e metais estridentes. E eis que, no estúdio, ela lhes restitui o sentido mágico com que se apresentaram diante de mim, destituídas de confetes e serpentinas, sem estridências.

Ouçam-na cantar "Taí" e duvido que não desabem quando ela expõe todos os fracassos amorosos que a canção revela. Alaíde resvala junto com os versos, é de uma tristeza comovente, de uma melancolia que nos faz sentir o sentido mais total da palavra abandono, da interrogação que se faz diante do ato inexorável com que nos destituem de um amor. A gente passa a ouvir aquela música de uma outra forma, e é este o segredo de Alaíde: ela sempre canta como ninguém antes cantou, seja "Retrato em branco e preto" ou a esfuziante cantiga carnavalesca consagrada por Carmen Miranda.

Meu sonho era fazer um disco de Alaíde interpretando Dalva de Oliveira. Tenho, aliás, um retrato das duas – e a certeza do quanto Dalva deveria admirá-la. Porque Dalva era também dessas cantoras estigmatizadas e estigmatizantes: tudo nela transcendia, tinha a alma arrebatadoramente tangueira – era o falso oposto de Alaíde. Porque, na verdade, Dalva e Alaíde são extremamente parecidas: estrelas com infinitos próprios.

Tantas e tantas vezes trabalhamos juntos, e tudo me soa novo e revelador quando, da coxia, vejo-a oficiar-se no palco. Ela, sacerdotisa; eu, apenas uma conta de seu terço, perenemente abençoado pela luz que dela transborda quando fecha os olhos e nos faz mergulhar no mar sempre intranquilo das palavras que vai esculpir com a sua voz, que é lupa e goiva, faca e esmeril.

*

ÁUREA MARTINS

Sabe-se, ao chegar, quando está contrafeita: os óculos escuros pendem na ponta do nariz, destacando os olhos que faíscam, chamuscam, trovejam. Adentra a casa já cuspindo marimbondos. Volta e meia carrega ou um bolsão (aliás, de grife) ou uma sacola de supermercado, conforme as circunstâncias. E é nesse matulão que ela transporta suas trapizongas. Se está com boina, dela se desfaz, deixando-a num canto do sofá. O ombro direito meio pendido, senta-se esbaforida; dou-lhe um copo d'água e ela destrava a língua. Conta um caso qualquer que se passou há pouco na rua, alguém a desfeiteou ou percebeu-se desfeiteada, não importa. Solta alguns palavrões, e há que se dar um tempo para que se recomponha e relate o acontecido.

O acontecido, no caso, não tem muita importância para este relato. Quando se acalma, abre um sorrisão de dentes perolados, alvíssimos, próprios, e temos de volta nossa amada Áurea Martins em toda a sua plenitude.

Estamos na metade de 2010. O cenário é meu apartamento, que estará com pelo menos dois ou três outros amigos de Áurea, quase todos músicos, até porque haverá ensaio. Áurea dará um beijo na amiga Lúcia, que prepara o rega-bofe, beberá um copo de água, respirará fundo, e aí vão rolar as histórias – as lembranças de como venceu, 45 anos antes, o programa *A grande chance* do Flávio Cavalcanti, Maysa estendendo-lhe uma rosa, Bibi Ferreira no júri. É bom lembrar que ela ainda era Áldima, da pia batismal; Paulo Gracindo é que a batizou artisticamente como Áurea.

Então veio uma quase invisibilidade, menos para aqueles que frequentavam a noite. A *crooner* de voz rouca estava lá, hospedando o repertório de outras cantoras. Teve até que aprender umas canções em inglês para atender a freguesia. É eclética no bom sentido. É preponderante a qualidade de tudo que sua voz expele; literalmente, expele. Se esfrega nas palavras, porque o hábito da leitura deu-lhe mais esta qualidade: a de se tornar íntima dos versos que canta.

"Não vai rolar um sambinha?", perguntam-lhe às vezes, porque, afinal, "a *negona* está ali para entreter, deve ser eclética, se possível tocar um reco-reco ou puxar um partido-alto para a plateia acompanhar e, de lambuja, dar uma reboladinha". Ela, desaforada, responde à provocação com "Janelas abertas", de Tom e Vinicius. E aí dá-se o deslumbre.

Foi ao mundo. Trabalhou com a quase totalidade dos instrumentistas brasileiros e também já deu "canja" para artistas do calibre de Carmen McRae e Toots Thielemans. Uma das fases mais brabas foi quando cantava nas boates da Zona Sul, com outros operários de peso: Alcione, Emílio Santiago, Djavan, Dafé. Era preciso garantir o pão de cada dia. Mais ou menos nessa época, Elizeth saía de casa, coisa rara!, para ouvi-la onde estivesse se apresentando – a biografia da "Divina", escrita por Sérgio Cabral, não me deixa mentir. Outra admiradora sua foi Zezé Gonzaga, com quem dividiu um espetáculo sobre Lupicínio Rodrigues, mais o piano e voz de Zé-Maria Camiloto Rocha, que produziria comigo o seu terceiro disco. O primeiro, em 1972, ela o fez com Luizinho Eça, na companhia do poeta Paulo Mendes Campos. Há uns dois ou três anos, o segundo disco com produção de João de Aquino, e mais recentemente o *Até sangrar*. Em cinquenta anos de carreira, sua discografia registra apenas três títulos.

Quando vejo Áurea Martins sair de sua quase invisibilidade depois daquele primeiro lugar em *A grande chance*, e de longe acompanhar sua subida ao palco para receber, ovacionada, o prêmio de melhor cantora de 2009, fico lamentando que nem Elizeth, nem Zezé Gonzaga, suas mais fiéis admiradoras, estivessem ali.

Estou falando de Áurea Martins, essa mulher de cara enfezada ou de sorriso estonteante, conforme o momento assim o exigir; estou falando de uma das grandes cantoras brasileiras que não ganha primeiras páginas nos segundos cadernos culturais, mas que cumpre sua trajetória se espelhando naquelas duas magníficas senhoras, que hoje pressinto iluminarem seus passos.

*

LA GODOY, A UIRAPURU

Eu a chamo de "minha uirapuru", na suposição de que o canto do pássaro seja tão absurdamente belo como o de Maria Lúcia Godoy, de quem vos falo agora. Chamo-a também de La Godoy, que é quando lhe dá a louca, baixa-lhe a Tebaldi ou a Callas – seja cantando Fauré e Schubert, acompanhada pelo piano de Maria Lúcia Pinho, ou sem qualquer instrumento, terçando vozes com Nana Caymmi aqui em minha casa, ou na companhia de oito *cellos*, entoando a *Bachiana nº 5* de Villa-Lobos.

"Diva da Mangueira", apelidei-a ao levá-la ao barraco de Cartola, que cantasse para ele!, e sua voz se alastrou pelo Buraco Quente, Chalé, Glória, Pindura Saia, Buraco da Poló. Até Neuma veio ouvir, e lembrou de Villa-Lobos quando ia ao morro para recrutar Cartola e Zé Espinguela e pedir que cantassem "Ao amanhecer", samba de Cartola que o comovia às lágrimas. Godoy foi também a "Diva de Ramos", quando fomos à casa de Pixinguinha, e "Diva da Acaú", quando foi ensinar a Clementina o "Abaluaiê" de Waldemar Henrique. Diva de Elizeth, as duas em duo cantando o "Canto de Ossanha" na casa de Walter Wendhausen.

Amizade, enfim, que já dura uns cinquenta anos.

Se La Godoy cantou em lugares tão privilegiados, sua voz foi também levada àquela mansão localizada num lugar indeterminado e de propriedade de um desses miliardários cujo nome prefiro não declinar. Tínhamos sido levados por um queridíssimo amigo cheio de ideais e que mantinha dois empregos: um no jornal, para sustentar a casa e a mulher, e um outro cujos proventos ele os destinava integralmente para a música. Seu apartamento possuía uma sala dessas enormes, toda entulhada de aparelhagens de som as mais sofisticadas e de fitas e mais fitas e discos e mais discos – só de música erudita, ou clássica, ou "de saber", como o Villa-Lobos gostava de classificar.

Tal salinha era, evidentemente, uma redução liliputiana do estúdio de som da tal mansão, onde estávamos agora adentrando. Jardins da Babilônia cercando a mansarda, seguranças disfarçadamente transitando pelos arredores, uma pinacoteca absolutamente fantástica, com direito a um Modigliani e um Chagall – entre outras preciosidades.

A luxúria escorria pelas paredes, teto, corredores, pelos colares de pérolas e broches de rubis das peruas que, engalanadas, poderiam sair dali para os palcos do Folies Bergère ou do Lido de Paris.

O dono da mansão sabiamente construíra, à parte, sua *maison de musique*, uma espécie de *loft-discotèque* com mezanino, bar e banheiro próprios – uma coisa luxenta. E eu ali, um pobretão embasbacado diante daquilo que eu já classificava como a oitava maravilha do mundo.

Ainda no salão que precedia o de jantar, La Godoy cantou uma das *Bachianas*, atendeu um pedido de "Après un rêve" de Fauré e, diante dos ouvidos provavelmente já exaustos de tanta música (dez minutos foram excessivos para a dona da casa), o recital foi interrompido com o anúncio de que o jantar estava servido – e que jantar! Dele pouco saberia descrever, pouco afeito que sou a essas esquisitices que vêm ornadas com penas de pavão, lantejoulas, franjas prateadas e molhos de coloração extraída da paleta de Matisse – uma orgia pantagruélica em finas loiças e cristais, vinhos raros que logo subiram-me à cabeça e ocasionaram o previsível desfecho: eu bêbado e nada sutilmente enxotado da mansão pelo miliardário não nominado aqui por uma questão de, digamos, nobreza e cortesia.

Maria Lúcia Godoy, é dela que preciso falar. E de Hekel Tavares, de quem é intérprete fiel.

A singularidade da obra de Hekel Tavares é que ela se acomoda, sem desconforto, na imensa diversidade de nichos onde os críticos costumam conceitualmente abrigá-la. Bom exemplo disso é a canção "Você", que a gente do povo nem reconhece por esse título, mas por um outro, "As penas do tiê". Canção é feito passarinho, que faz da nossa memória afetiva o ninho onde vai se abrigar. Hoje, quando a ouço com Maria Lúcia Godoy, fico imaginando o quanto as canções de Hekel Tavares são extremamente populares, sem que, muitas vezes, o povo se dê conta de quem as compôs. "Guacyra", mais conhecida como "Adeus, Guacyra", é outro bom exemplo. A estas, de cunho regionalista, se juntam outras que a sabiá Maria Lúcia Godoy divulgou por anos em seus concertos, mundo afora.

A singularidade da obra do maestro Tavares reside na extrema qualidade com que transita entre o popular e o erudito, mantendo uma coerente chama nacionalista em suas composições. Que não esqueçamos seus parceiros nesse jogo: os letristas Luiz Peixoto e Joracy Camargo preponderam nesse leque de composições, que ainda revela seu gosto por cantigas populares anônimas, que anotou e harmonizou. É interessante notar, ainda, a diversidade de estilos dos intérpretes que mereceram de Hekel algumas canções. É o caso de "Suçuarana", criada pela grande comediante Alda Garrido (inesquecível na criação da personagem Dona Xepa), ou a canção "Você", dedicada à contralto Gabriella Besanzoni Lage, que se notabilizou como intérprete magistral da *Carmen* de Bizet. Sem deixar de lembrar que outra contralto, Marian Anderson, a maior intérprete dos *negro spirituals*, tinha em seu repertório o "Funeral de um rei nagô", que faz parte de um ciclo de temática negra composta por Hekel. É um Hekel que cabe nas vozes também de Gastão Formenti, Fagner, Nara Leão, Bethânia e, é claro, La Godoy.

A mesma versatilidade do autor a encontro em sua intérprete, a minha querida sabiá-uirapuru. Seu repertório é imenso, parte dele registrado fonograficamente. Vamos encontrá-la, pelo mundo, divulgando a obra dos brasileiros Almeida Prado, Lindembergue Cardoso, Edino Krieger, Cláudio Santoro, Marlos Nobre e, mais permanentemente, Villa-Lobos. Lembro de um belíssimo concerto realizado em 1967, ela acompanhada magistralmente pelo piano de Maria Lúcia Pinho, revelando o "I hate music", uma suíte de canções infantis de Leonard Bernstein, além de Gabriel Fauré (inesquecível seu "Après un rêve"), Duparc, Arthur Honegger, Granados e, claro, Hekel Tavares – "Cantiga de Nossa Senhora", acho.

La Godoy é como também a chamo na intimidade. Maria Lúcia se contrapõe à figura tradicional da cantora lírica, aquela em trajes farfalhantes abrigando adiposidades, um estereótipo sublinhado em cores fortes pelos caricaturistas. Blusa branca larga, calça *jeans*, e lá está ela saboreando os pasteizinhos e empadas da rainha Ginga, da Mãe Quelé: Clementina de Jesus. Ou terçando vozes no "Canto de Ossanha" com a Divina Elizeth, sua admiradora, num aniversário meu. Ou ainda cantando a *Bachiana nº 5* para um embevecido Cartola, no morro da Mangueira. A diva cede lugar à mineirinha que nunca vai deixar de ser – e é assim que a lembro cantando lá em casa uma ária de ópera em duo com quem? Nana Caymmi.

Com isso, não se considera uma cantora popular. Apenas leva para seu refinado universo cantigas que as trata como um ourives talhando um diamante. E é assim que a ouço agora, acompanhada por músicos excepcionais, envolvendo as canções de Hekel Tavares com a penugem de sua voz – fazendo-nos reverenciar a extrema beleza e importância do mestre.

GONZA-GUINHA, GONZA-GÃO

"Um grande forró para anunciar e iluminar o novo milênio, que vem resfolegando qual sanfona de oito baixos. No matulão de Luiz Gonzaga vamos buscar as cantorias que retraçaram uma nova geografia musical para um Brasil que ele enfeitou e coloriu com xotes, baiões e xaxados. Ao som de sanfonas, compassadas por zabumbas e triângulos, vamos reverenciá-lo como um dos construtores da nacionalidade brasileira, ele, Sua Majestade, o Rei do Baião." Assim tracei o conceitual de um espetáculo do Gonzagão, que dirigi quando recebeu um prêmio importante – e ele bem mais importante que o prêmio. Ei-lo, que honra!, aqui em minha casa repassando o repertório do espetáculo. Camisa quadriculada, sandália de couro, sanfona a tiracolo.

Não, ao seu lado não estava seu filho Luiz Gonzaga do Nascimento Jr., o Gonzaguinha. Magro, bigode e barba parecendo mal alinhavados, raramente abre um sorriso na carantonha meio escabreada, mas que também oculta um moleque de coração frouxo, dono de um arsenal de palavras que ele vai represando até que, de repente, provoca uma enchente quando o dique abre suas comportas. Pelo menos foi essa a minha sensação, num festival de 1969, quando ouvi "O trem", que tinha como subtítulo "Você se lembra daquela nega maluca que desfilou nua pelas ruas de Madureira?" ("Eia, e vai o trem no sobe serra e desce serra nessa terra / Vai carregado de esperança, amor, verdade e outros 'ades' / Tantos males, pra onde vai? Quem quer saber?"). Fiz parte daquele júri, e toda aquela estranheza física e poética me deixou sob forte impacto. Um ano antes havia sido editado o AI-5, e os tempos de repressão e censura eram brabos. O trem, metaforicamente, era o Brasil, éramos nós.

Lembro que cheguei absolutamente chapado à casa da cantora Marlene, quando saiu o LP com a tal música vencedora. As célebres macarronadas domingueiras de Marlene – Eneida, Milton Nascimento e, logo em seguida, o grupo era acrescido de Gonzaguinha. Ele e Marlene fariam dupla, depois, nos projetos Seis e Meia e Pixinguinha. Era uma beleza vê-los dividindo o palco, ele instigando sempre aqueles que se deparavam com sua magreza estranha, o sorriso maroto – Guinha era um sedutor. Guinha, chamava-o assim. Eu era o "carneirinho" ou "meu anjo barroco". Mas não façamos a ampulheta do tempo escorrer fora de seu tempo.

Voltemos ao velho Luiz "Lua" Gonzaga e sua simpatia, a cara redonda e sorridente. Quando o "Rei do Baião" e sua sanfona apareciam nos palcos mais sofisticados ou na boleia dos caminhões, o povo já sabia: o forró comeria solto. Com gibão, chapéu e alpercatas de couro, ladeado por tocadores de zabumba e triângulo, o "Rei" nem precisava de refletores, tal a luz que suas cantorias espargiam. O filho de "seu" Januário resfolegava sua sanfona, soltava um aboio, e logo a poeira levantava. Quando Gil e Caetano se anunciaram como seus filhos musicais, estavam prenunciando uma outra geração que já fincava pé na estrada, toda ela reverente ao mestre: Fagner, Elba Ramalho, Alceu Valença. Vinham também abençoados por Marinês e Sua Gente, Jackson do Pandeiro, Patativa do Assaré, os bonecos de Vitalino, as tramas dos bois-bumbás e congadas, Câmara Cascudo. O Trem Brasil, resfolegando.

Costumo dizer que a cultura brasileira, sobretudo a musical, está escorada por alguns pilares: Caymmi, Capiba, Waldemar Henrique, Villa-Lobos e ele, Gonzagão. Eu, que tanto me acostumei a aplaudi-lo nos palcos, eis-me aqui, cheio de dedos diante de Sua Majestade. Honra demais para um pobre marquês. No fole vai desfiando seu repertório: "Asa-branca", "Derramaro o gai", "Baião", "Paraíba", "Juazeiro", "Lorota boa", "Kalu", "Qui nem jiló", "Boiadeiro", "Vozes da seca", "Imbalança", "Forró de Mané Vito", "A volta da asa-branca", "Triste partida" (do Patativa do Assaré), "Chamego" e "Dezessete e setecentos". Sucessos. Alguns deles repartidos com Humberto Teixeira, Zé Dantas, Miguel Lima, Armando Cavalcanti e Klécius Caldas.

Gonzaguinha subia aos palcos e, com ele, subia também sua estranheza, sua lírica desbragadamente anárquica, ao mesmo tempo panfletária e amorosa. Parecia um guerrilheiro equipado para enfrentar uma guerra. Sem elmo nem espada, apenas seu violão como escudo e lança. Não precisava de mais nada. Filho do "Rei", mas nem por isso "príncipe do baião". Odiava adjetivos, se negava, até com rispidez, a dar autógrafos: não admitia endeusamentos, culto à personalidade – se desculpava (e eu, confesso, o repreendendo sempre). Já, aí sim, ficáramos amigos, e é o que ele conta em suas entrevistas.

Quando adoeci em São Paulo – por conta de uma desavença descomunal com Elis Regina, tive uma crise hipertensiva –, Gonzaguinha não deixou que eu viesse de avião. Trouxe-me no seu carro.

Quando Gonzagão adoeceu, estava eu coincidentemente no Recife, e não fui visitá-lo. Visitas proibidas, informavam. Morreria logo depois.

Quando Guinha morreu naquele desastre horroroso em 1991, não fui ao seu velório. Não só porque tivesse medo de avião, nem porque chovesse a cântaros, não. Passados tantos anos, cansei de buscar explicações para a minha ausência.

Hoje, Gonzaguinha e Gonzagão trafegam pela mesma Via Láctea, na boleia de seus caminhões voadores.

*

ALDIR BLANC, POETA ARRUA-CEIRO

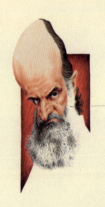

O Obá Onikoyi, consagrado de Oxalá no Afoxé de Opô Afonjá, é um dos pretos-velhos da nossa cultura. E, além do mais, um belo contador de *estórias* – que era a forma como Guimarães Rosa grafava o que era uma contação de fatos do dia a dia para diferenciá-la dessa outra coisa de se contarem histórias factuais ou até mesmo ficcionais. Essa distinção ortográfica causava horror a alguns filólogos, que abominavam a supressão da consoante agá e não reconheciam a invenção (invencionice!, bradavam coléricos alguns imortais, sacolejando os fardões e brandindo as espadas). Seria história ou estória a de Pedro I, esse grande furdunceiro, gritando às margens do Ipiranga um retumbante "Independência ou merda"? Já estou, reparem, no clima de Aldir, meu Baudelaire de Vila Isabel, meu Orestes do Mangue, meu Noel de Paquetá, meu Pedro Nava da Tijuca. "Poeta da vida, do amor, da cidade", "ourives do palavreado", como bem o veste Caymmi.

Não vou falar das nossas badernas, que foram muitas, das nossas paradas no Cuspe Grosso para tomar as penúltimas na época da fundação da Sombrás, nem do seu petulante dedo em riste na cara dos poderosos da máfia do direito autoral. Prefiro é confessar uma das minhas frustrações, cevada numa timidez da qual, aliás, muita gente desacredita: a de não fazer parte constante de sua súcia (antônima ao sentido purulento que essa palavra carrega), do seu particular pagode – que, no seu sentido lato, pode ser geograficamente localizado, por exemplo, no Bar da Dona Maria, onde se reúne com sua turma de compadres para furdúncios memoráveis. O carioquismo dele passaria fácil pelo Bronx, pelo Harlem, pelo Bixiga, pelo Mercado Modelo, mas fatalmente se despejaria é em sua Vila Isabel. De lá não saía nem com camisa de força, porque é onde encontra alguns corações jogando porrinha, apostando nas patas do tempo a sua própria vida. Ele e Moacyr Luz descobriram uma barraca na feira, onde se aboletavam entre moelas, cervejas e linguiças. Pronto: inauguraram seu botequim portátil, desmontável, provisório-infinito enquanto durasse.

Um lírico, embora alguns muitos não percebam que a tal tarde que caía "tristonha e serena", na augusta voz de Augusto Calheiros, ressurge triturada na imagem de "O bêbado e a equilibrista": ela, a tarde, desaba que nem um viaduto, e o poeta esculpe nessa poeira desconstrutiva a figura de Carlitos, trampolim para falar do "irmão do Henfil", da necessidade de ele estar com a gente, naqueles tempos difíceis. É um poeta que, igual ao Chico, não tem medo da catinga, do fedor, da aparente esquisitice de algumas palavras: rasga o verbo, usa-as saboreando a transgressão que elas provocam nos ouvidos babacas que procuram o lirismo antigo que, ressalve-se, só é bom quando é antigo mesmo, quando é orestiano[3], quando passa por Catulo e Jorge Faraj para desaguar na modernidade de Vinicius, pai de todos nós. E quando o sábio Caymmi declara que Aldir sabe, como ninguém, "retratar o fato e o sonho" e que ele "traduz a graça e a malandragem", não há por que negar o que afirma Dorival: "todo mundo é carioca, mas Aldir Blanc é carioca *mesmo*". Mas, reparem: seus poemas são fotogramas inspirados em Cantinflas, Jacques Tati, Chaplin, Mazzaropi.

É essa carioquice baderneira que ele despeja no seu disco de 50 anos, nos versos que complementam as centenas de outros

[3] *Referência a Orestes Barbosa, compositor, jornalista, cronista e poeta brasileiro.*

versos que espalhou pela vida, sem nunca jogá-la fora: bebeu de todos os copos, foi fundo com o mastruço, fez da palavra o seu estilingue preferido. Bom de sinuca, bom de copo, bom de amigos. Aldir é a prova mais contundente de que seu coração só guardava os rancores essenciais – para os medíocres e invejosos de grande porte, porque os de meia-tigela e os pobres de espírito, para estes consagrava apenas a demarcação a giz, para que não adentrassem seu gramado.

Não sei escrever perfis, que ora beiram o traço do Zéfiro e outras vezes ficam mesmo é se estremunhando em banalidades laudatórias, na busca inútil dos tais traços essenciais que traduzam o meu personagem. Aldir era uma réplica salgueirense de Walter Wendhausen, pintor de vanguarda que me ensinou Aracy de Almeida, Drummond, Chagall e a arte de amar meus amigos, ser-lhes fiel, lamber-lhes as crias, admirar-lhes a obra, sem a caspa visguenta da inveja. Isso Aldir nos fazia com seu coração de ex-psiquiatra, que largou um pé na bunda de Freud, Jung e Lacan, mas tratou de nos deitar em seu divã – eu, pelo menos, munido da necessária vaselina para, sei lá, possíveis investidas. Foi tratar das almas com o seu arsenal poético, com as suas imagens audaciosas e – graças a Deus – com o seu lirismo tão brasileiro, aparentado com o de Augusto dos Anjos. Ele fala de chulé, passa sem cerimônia a mão na bunda de suas musas e musos – porque, nessa de poetar, Aldir não poupa sexo: vai nos convencionais e também nos alternativos com o mais desabrido despudor. Se o Jorge Veiga era o caricaturista do samba, Aldir foi o cartunista das almas cariocas.

E houve a Sombrás. Tempos difíceis aqueles: sob o tacão da ditadura militar, éramos tachados de subversivos pelo sistema – e não é o que éramos mesmo? Na salinha alugada ao Museu de Arte Moderna, nosso exército brancaleônico sobrevivia aos mistifórios das hordas inimigas, cavalgando os nossos cavalos de patas fraturadas. Saíamos de lá com nossas armaduras feitas de sobras de lata de sardinha, a guerrear no campo nada santo, pelo contrário, escorregadio de muita merda e corrupção. Maurício Tapajós era o nosso líder. Gonzaguinha, Vítor Martins, Macalé, Aldir (com sua inseparável pasta preta de couro) e eu integrávamos aquele exército de Brancaleone que saía ateando fogo ao fogo.

E havia o Cuspe Grosso, um boteco sórdido onde íamos tomar irracionais batidas de coco, maracujá ou mesmo uma cachaça cristalina só encontrável naquelas prateleiras. Havia as canções que iam nascendo, eu acompanhando maravilhado seu processo criador, catando aqui e ali aquelas pérolas – e feliz quando nasceu o samba para Clementina e outros que, depois, ele fez em sua homenagem. Sou até, com muita honra, personagem de um deles.

Aldir, manhoso, sabia que a sua poesia era esfarrapada por natureza: nela cabe o samba, o choro, o jongo, o rap – essa grande "fudelança" que é o tal caldeirão cultural em que tentam nos fazer bife de caçarola, e ele sacode pimenta no molho para provocar ardimento na entrada e na saída do túnel. Chamei-o de mestre uma vez, numa declaração truncada, encharcada de uísque. Reitero: mestre mesmo, lapidador de diamantes, mas sabendo também obturar as cáries das palavras. Ao contrário de alguns especialistas do nada, não o achava um sucessor de Noel, como já quiseram nomear o Chico. Isso teria sido restringir demais o seu talento, balizar o que, por natureza, não tinha parâmetros rígidos.

Aldir era épico, gongórico, malandro, romântico, debochado, lírico e permanentemente transgressor, jamais filiado a qualquer escola que pudesse monitorar ou engessar sua criação, impondo-lhe limites. Sua grandeza era esta, percebida por Caymmi: um ourives do palavreado, poeta da vida, do amor e da cidade. De todas as cidades interioranas e dos suburbanos bairros brasileiros – diria – que ele ia descobrindo com seu mais do que vasto coração, batendo seu tamborim, arranhando um violão e cantando com aquela voz de seresteiro antigo, o coração salgueirense e vascaíno compassado em Pixinguinha, mais brasileiro e bonito quando se aproximava dos 60 anos, dando esporro nos netos, num imbatível charme de mancar com a perna, com um molejo de uma negra de bunda grande, daquelas grafitadas por Lan.

Lembro que, já navegando nas águas escocesas da Guanabara e em pleno aniversário do nosso mosqueteiro Mello Menezes, me fez um discurso em que mais ou menos dizia que eu navegava na contramão de sua sexualidade de espadachim, e eu logo respondi que aquilo era desejo de ex-psiquiatra reprimido e que, na primeira oportunidade, daria conta do recado. E era assim que levávamos a vida: ele promovendo um quebra-quebra num bar paulistano, eu entregue às baratas, imobilizado pelo álcool, nós dois oferecendo o chamado ombro amigo na tarefa de enxugar o lacrimário dessa grande Isaurinha Garcia. Passava por aí a nossa velha amizade: mais no vácuo das distâncias e das raras aproximações, sempre estrelejadas pela emoção.

Uma vez Aldir me mandou uma linda carta dizendo que gostaria de ter um filho comigo. Claro que usava imagem metafórica, atribuindo-me útero para tal ofício e seios fartos a um bom aleitamento. Tenho em mim essa declaração como a melhor que se pode fazer a um amigo: repartir com ele outro ser humano que, posto ao mundo e aos perigos do vento, nunca desonrasse os sobrenomes compostos e que honrasse os copos bebidos, os soluços embargados sob os *flamboyants* de Paquetá, o ombro que nunca falta na hora em que se torna impossível desviar-se da porrada, do soco traiçoeiro, da inveja a mais mesquinha.

MÁRIO LAGO E AS PALAVRAS

Mário vivia, literalmente, cercado pelas palavras. Em sua trajetória, delas valeu-se como revistógrafo e compositor desde a década de 1930, ator e também autor de novelas a partir de 1966, além de atuações no cinema – incluindo aí o *Terra em transe*, de Glauber Rocha.

Uma ilha cercada de palavras? Essa imagem sugeriria isolamento. Coisa que, aliás, ele conhecia de perto. Ativista político, tinha sempre à mão a escova de dentes (e suponho que lápis e caderno), já preparado para quando a polícia lhe batesse às portas.

Não sei onde fui buscar uma semelhança do velho Mário com Graciliano Ramos, mas sempre lembro os dois, talvez pela caligrafia memorialística, polida nos cárceres onde os enclausuraram. Será, talvez, mais lembrado no futuro pelas maravilhosas letras de canções que você pelo menos uma delas há de saber cantar. O compositor é múltiplo, cercado de belos parceiros: Custódio Mesquita ("Nada além", "Enquanto houver saudade", 'Mentirosa"), Ataulfo Alves ("Ai, que saudades da Amélia", "Atire a primeira pedra", "Covardia") e, em algumas obras-primas isoladas, Erasmo Silva ("Dá-me tuas mãos", sucesso de outro Silva, Orlando), Benedito Lacerda ("Número um"), Roberto Roberti ("Eu não sou pano de prato", que incluí na trilha de *O samba é minha nobreza*, que Mário não chegou a assistir) e Chocolate ("É tão gostoso, seu moço", sucesso gravado por Nora Ney). Além de ter escrito ele mesmo, letra e música, outras canções, como a belíssima "Devolve", que Carlos Galhardo imortalizou.

Mário Lago viveu cercado de palavras, e isso atestam seus livros: *Bagaço de beira-estrada*, o fundamental *Na rolança do tempo*, *Meia porção de sarapatel* ou (o último?) *16 linhas cravadas*. Enfim, um belíssimo homem de letras.

Lembro de uma história, que me foi contada, acho, por Sérgio Cabral. Mário encontrara-se com Chiquinha Gonzaga na Sociedade Brasileira de Autores Teatrais, ela já bastante idosa. O parceiro de Mário, Custódio Mesquita, homem belíssimo, passa por eles. Chiquinha mira a estátua grega e comenta com Mário: "Ah, se eu tivesse menos cinquenta anos...".

NÁSSA-RA

O grande compositor e cartunista Antônio Nássara está quase que completamente surdo. Converso com ele aos berros, e muitas vezes o bate-papo se perde por falta de comunicação. Digo uma coisa, ele compreende outra, e a conversa toma outro rumo.

Não se rende, teimoso, à evidência de que um desses modernos aparatos para a surdez melhoraria a sua qualidade de vida. E tem argumento irrefutável, que logo apresenta: assim, se desobriga de ouvir tanta música ruim, tanta bobagem que tentam jogar em seus ouvidos, "que não é lata de lixo". Preciso rever meu conceito de qualidade de vida, diante da sábia argumentação.

Mas um telefonema de meu amadíssimo João Ferreira Gomes, o grande Jota Efegê, me deixa um tanto aflito. É que o convidaram para ser o homenageado do programa *Entre amigos*, e ele esbarrara na negativa de Nássara – logo ele, imprescindível ao encontro. Drummond, Alvarus e eu já aceitáramos o convite. Mas como gravar sem o grande cartunista, dono de prodigiosa memória, emérito contador de causos, amicíssimo de Jota?

Já declarei em alto e bom som que considero Jota Efegê um dos meus namorados preferidos, no que me faz confrontar com ciumeiras incontroláveis de outros eméritos adoradores do grande pesquisador, último dos grandes cronistas da nossa música popular: Sérgio Cabral, Ari Vasconcellos, Artur da Távola – um exército de seguidores apaixonados desse velhinho encantador, que se orgulha de jamais ter ouvido um "não" de Carlos Drummond de Andrade, a quem sempre recorria para prefaciar seus livros, que eu reeditava na época em que trabalhava na Funarte.

Argumento com Nássara que sua falta seria constrangedora para todos nós, sobretudo para mim, o mais novo do grupo selecionado pelo Jota; minha presença ali seria desnecessária, a dele não. Retruca dizendo que iria ser achincalhado quando desse resposta inversa à pergunta que sua surdez impediria de ouvir. Contra-argumento, com um plano infalível: combinaria com o apresentador a estratégia de ter um bloco à mão para anotar o tema que estaríamos abordando ("Cordão da Bola Preta ou do Bola Preta?", por exemplo), passaria para ele o papelzinho com a anotação, fora do foco das câmeras, e aí ele interviria, sem que ninguém notasse o estratagema. Topou, e assim foi registrado o encontro histórico daqueles três amigos e um enxerido – eu.

Perguntaria, depois, a todos nós: "Saiu uma merda, não saiu?".

***

Passemos, agora, à casa do Nássara. Iracema, sua mulher, está coando um café na cozinha, eu e meu querido Cássio Loredano ouvindo a dissertação que o mestre fazia sobre Daumier. Nássara já estava então (passara-se algum tempo do episódio relatado há pouco) completamente surdo, e nunca entendi como Loredano conseguia dialogar com ele (mesmo se valendo de um bloco e uma caneta, fato que espero não esteja eu inventando).

Voltando para casa com toda aquela erudição ebulindo nos ouvidos e já se despejando da memória, perguntei para aquele rapaz que mal sabe desenhar (que é como me refiro, brincando, ao meu querido Loredano): como passar adiante todas aquelas lições? E comentei com ele, ou acho que comentei, que um desenho ou uma palavra grafáda num papel pode ganhar a eternidade. Mas certos momentos, por natureza irregistráveis até por falta de um equipamento tecnológico disponível, ficam se esgarçando na lembrança, correndo o risco de cair no limbo do esquecimento, por serem irreproduzíveis.

Por isso desdenho de certos "pesquisadores" que, valendo-se apenas de sua memória, aspeiam literalmente as respostas que ouviram de seus entrevistados, como se tivessem sido copiadas de um gravador – o que seria o procedimento correto. Vá lá: uma frase curta e inesquecível como a que ouvi de Aracy de Almeida ("é um bruxo") pode ficar gravada na memória, como também um "ele era um bom filho da puta". Mas, se transcritas sem a devida contextualização, soam falsas e, consequentemente, desprovidas de valor histórico. Claro que Loredano poderá reconstituir a essência da aula de Nássara sobre Daumier, não eu.

*

VISTA ASSIM DO ALTO

Cartola era para mim, na época, um mito distante. O autor de "Divina dama", quando o conheci pessoalmente em 1962, havia muito desaparecera do noticiário, e tinha quem o julgasse morto por conta de um samba que dizia, já na década de 1940, que "antigamente havia grande escola / lindos sambas do Cartola / e os sucessos de Mangueira".

Meu ídolo mais palpável era Ismael Silva, que Vinicius de Moraes classificara como um dos três maiores sambistas de todos os tempos. Dei-lhe a alcunha de "São" – e como reinou absoluto nas reuniões em meu minúsculo apartamento no prédio da Beco do Rio!

De 1954, quando conheci Ismael e nos tornamos amigos, até Cartola chegar à minha vida, oito anos depois, eu já me aproximara do musicólogo Mozart de Araújo e do crítico musical Lúcio Rangel – ambos discípulos de Mário de Andrade, falecido em São Paulo em 1945. Há o episódio de Lúcio, dedo em riste, corrigindo Mário, que contara ter conhecido Ismael. "Ismael, não, o *grande* Ismael Silva!" Tudo isso naquela mesma taberna onde Mário bebera com Aracy de Almeida, que o achou "meio matusquela". Lúcio era tio de Sérgio Porto, que entrará neste relato mais adiante por conta da grande Araça, minha Araca, "arquiduquesa do Encantado", "rainha dos parangolés". A taberna deu-me algo mais: a oportunidade de, em 1963, conhecer Clementina de Jesus e, a partir daí, questionar todos os códigos estéticos propostos e impostos por nossos colonizadores culturais.

Minha relação de amor com a Mangueira vem de muito antes, eu atordoado diante das cores verde e rosa que ele, Cartola, lhe inventara. Lembro: foi num deslumbrante desfile ainda na avenida Presidente Vargas. Daquela grande escola ele fora semente e raiz, fruto e árvore de copas frondosas, sob a qual a nossa amizade e parceria floresceu – e vamos clarificar as circunstâncias.

Fui encarregado de entrevistá-lo, em 1962, para a revista *Leitura*, dirigida por Homero Homem. Cartola habitava, de favor, o sobrado da rua dos Andradas, nº 81, sede da Associação das Escolas de Samba. Zica preparava marmitas e ia levá-las, com o auxílio do Ronaldo, filho adotivo, para os motoristas da praça Mauá. O "Divino" (assim o chamava Lúcio Rangel) fora, havia pouco, redescoberto por Sérgio Porto, o Stanislaw Ponte Preta, que o encontrara na noite de Copacabana, malocado numa garagem, onde tinha por ofício a quota de lavar onze carros por noite. Vê-se, pois, que a penúria era total – não obstante o apoio de amigos como Sérgio e o cartunista Lan, cujo esforço para reentronizá-lo no meio artístico dera poucos resultados práticos. O samba estava por baixo, não havia espaço para o gênio que, anos antes, fascinara Villa-Lobos e gravara com ídolos iguais a Chico Alves, Carmen Miranda e Sílvio Caldas.

Zicartola (set. 63 / maio 65)

Se compareci a apenas uma das muitas rodas de samba que aconteciam no sobrado habitado por Cartola (Elton Medeiros já era seu parceiro e frequentador assíduo daquelas rodas), o nascimento do Zicartola acompanhei bem de perto, e as biografias de Cartola fazem-me personagem daquele sobrado rústico na rua da Carioca, nº 53.

Deve-se a Zé Keti a criação dos shows que deram fama àquela casa e que eram alternadamente apresentados por mim e Albino Pinheiro, e depois, numa segunda fase, por Sérgio Cabral. Nessa época já era eu parceiro de um jovem sambista de Botafogo que trabalhava no Banco Nacional, quase vizinho ao escritório de navegação onde eu dava expediente: Paulo César Batista de Farias – que no Zicartola o Zé Keti logo alcunhou de Paulinho da Viola (Sérgio Cabral reparte com ele as glórias desse nome artístico). Mano Décio da Viola, Paulo da Viola, Paulinho da Viola – claro. Também levei o grande e marrento Ismael Silva para atuar na casa, onde ele fazia questão de encerrar as apresentações da noite. E Cartola por acaso fazia questão dessas coisas? Não estava nem aí.

Naquele período que precedeu o golpe de 1964, o Zicartola tornou-se, além da casa de samba de muito sucesso de público, um aglutinador das mais diversas facções políticas e estéticas da classe esquerdista, do teatro ao cinema, mas com ênfase na música popular. Era um espaço ideológico, quase um núcleo de guerrilhas culturais. (Aconselho a leitura dos livros *Fala, Mangueira* e *Cartola: os tempos idos*, de Marília T. Barboza e Arthur de Oliveira Filho, que esgotam o assunto e me poupam gastar mais laudas do que o desejável.)

Em 23 de outubro de 1964, tive a honra de, na condição de padrinho, conduzir minha querida Zica ao altar da Igreja do Sagrado Coração de Jesus da rua Benjamin Constant, nº 42 (outros padrinhos foram Jota Efegê e esposa, Mário Saladini e a radialista Maria Muniz, minha colega e depois chefe na Rádio MEC, avó do saxofonista Ion Muniz e futura bisavó do violonista Gabriel Improta). Detalhe: eu fora coroinha naquela igreja, onde também integrara o coral, quando monsenhor Lapenda era o pároco.

A essa altura, Sérgio Porto já desanimara da incumbência que me dera por volta de 1963 – a de produzir um LP de Aracy de Almeida interpretando Cartola, empreitada que, por razões as mais dolorosas, rolou pela ribanceira da indiferença das gravadoras nacionais e multinacionais.

Se o Zicartola foi tão pródigo para o ressurgimento do samba do morro, a ponto de Nara Leão desgrudar-se do rótulo de musa da bossa nova para gravar Cartola, Zé Keti e Elton Medeiros, sua vida teve fôlego curto: da sua inauguração, em setembro de 1963, o Zicartola zarpou da glória ao fracasso e, em meados de 1965, já vivia seus estertores. Contraditoriamente, o *Rosa de ouro* e o *Opinião*, frutos daquela casa, viviam seu apogeu.

Cartola e Zica, arrastando de novo sua pobreza, e com a venda da casa de samba para Jackson do Pandeiro, vão morar em Bento Ribeiro com "seu" Sebastião, pai do compositor. Nesse arrastão, uma dívida bancária endossada por mim e que meu parceiro, mês a mês, ia honrar em meu escritório – vizinho ao prédio d'*A Noite* (o da Rádio Nacional), onde agora era contínuo, com direito a terno preto e gravata, e servia cafezinho. Ambos assalariados, eu não tinha condições de, mesmo constrangido, deixar de aceitar aquele ressarcimento.

Em 1965, no rastro do sucesso do *Rosa de ouro*, onde sua obra aparecia com destaque, produzi o LP *Elizeth sobe o morro*, em que "Sim" é uma das faixas principais (nele, aliás, surge o primeiro registro da voz e do violão de Nelson Cavaquinho). Em 1967 e 1968, Cartola participa do *A enluarada Elizeth* e do *Fala, Mangueira*, ao lado de Clementina de Jesus, Nelson Cavaquinho, Carlos Cachaça e Odete Amaral. Esse LP antecipariam os discos individuais que os compositores mangueirenses fariam logo depois, produzidos por Pelão.

Ao completar 60 anos – e já estamos em outubro de 1968 –, um show no Teatro Opinião e um almoço de adesão na Churrascaria Tijucana foram pretexto para se arrecadarem fundos para que Cartola iniciasse as obras da casa no terreno que lhe fora doado à rua Visconde de Niterói, nº 896 – casa que ele mesmo construiu, tijolo a tijolo.

O fim do Zicartola foi o início de outro período de obscurecimento para "seu" Angenor de Oliveira.

Vianinha e o CPC

Foi um enriquecimento pessoal muito grande conviver, a partir do Zicartola, com Vianinha, o grande e jovem dramaturgo que era um celeiro de ideias e paixões, sempre antenado para as coisas do povo, por força dos trabalhos que fazia no superatuante núcleo político conhecido como Centro Popular de Cultura (CPC), que estendia um de seus braços para dentro da casa de samba. E, diga-se de passagem, de forma às vezes pouco discreta: Vianinha era de subir à mesa e deitar inflamados discursos políticos. (Cabe lembrar que foi Sérgio Cabral o responsável por fazer circular caravanas de sambistas pelos CPCs; volta e meia omitem essa informação.)

Lembro que, quando panfletamos a letra de "Cicatriz" dentro do Zicartola, Vianinha se encantou com o samba, meu e de Zé Keti, e o colocou no roteiro do show *Opinião*, que estreou no teatro do mesmo nome em dezembro de 1964 – no mesmo mês em que Clementina pisava pela primeira vez o palco do Teatro Jovem, ao lado de Turíbio Santos. Com o fechamento da casa e o abandono a que Cartola fora relegado, Vianinha deve ter ficado atento a alguns espasmódicos eventos que, aqui e ali, tentavam colocar o compositor em evidência.

Costumo sempre creditar ao Vianinha a ideia de que eu escrevesse um musical sobre a Mangueira. E de onde teria ele tirado essa ideia? Recordo vagamente (e só uma pesquisa apurada poderia estabelecer essa história) que me pediram para fazer um show no Teatro Opinião, para arrecadar fundos para a construção ou finalização, não sei, da quadra da escola, na Visconde de Niterói. Xangô da Mangueira foi quem me lembrou o episódio: eu marcando um ensaio e todos chegando atrasados. Tentando estabelecer uma disciplina, remarquei o encontro num horário absurdo, mas a que quase todos compareceram.

Talvez a sugestão de Vianinha tenha motivado ampliar um trabalho que já me consumira algumas fitas magnéticas gravadas precariamente com Clementina, Nelson Cavaquinho, Padeirinho, Carlos Cachaça, Zé Keti e o próprio Cartola. Meu querido amigo Arley Pereira foi fundamental nesse momento: trouxe seu gravador de São Paulo, instalamo-nos na casa de Carlos Cachaça (ou na de Neuma, ou na do próprio Cartola, não me recordo), criando a oportunidade de registrar, em primeiríssima mão, algumas obras-primas que o tempo consagraria depois.

Convém fazer um atalho para contextualizar o episódio.

Por volta de 1966-67, eu estava morando na mesma rua Benjamin Constant onde se oficiaram as núpcias de Cartola e Zica, quando Paulinho da Viola chegou e me encontrou trabalhando no roteiro de um espetáculo sobre a Mangueira. (Assim me lembrou ele em 2003, quando então deduzi que só poderia ser o musical encomendado pelo Vianinha.) Entre os papéis espalhados sobre a minha mesa, Paulinho achou três ou quatro letras inéditas, uma das quais ele musicou em dez minutos ("Sei lá, Mangueira"), enquanto eu estava na cozinha preparando um café. Presumo que as outras fossem "Alvorada no morro" – que Cartola e Carlos Cachaça tinham levado à minha casa para eu escrever os versos da segunda parte, que na mesma hora Cartola musicou – e "A Mangueira é lá no céu", com Maurício Tapajós, que Clementina gravaria pelo Museu da Imagem e do Som.

Essa revelação de Paulinho, feita recentemente, recoloca nos devidos lugares alguns episódios ainda obscuros para mim, quase todos eles relacionados à Verde-e-Rosa. Por exemplo, quem primeiro gravou "Sei lá, Mangueira" foi a grande Odete Amaral no LP *Fala, Mangueira*, de 1968. O registro ainda se encontrava inédito no mercado quando, à revelia de Paulinho – mas com o meu ingênuo assentimento –, o samba foi inscrito no Festival da Record, o que causaria um enorme desconforto ao meu parceiro portelense e uma polêmica ainda maior na sua escola. Mas, dessa grande confusão, dois grandes benefícios culturais foram ofertados por Paulinho à comunidade portelense: logo ele compôs o antológico e magistral "Foi um rio que passou em minha vida" e produziu, em 1970, o primeiro registro em disco da Velha Guarda da Portela. Em 1974, o "Sei lá, Mangueira" foi gravado por Aracy de Almeida em meu primeiro LP, produzido pela Odeon. Na hora, Luizinho Eça indispôs-se com o samba, Araca estava com os bofes azedos, e acabei eu mesmo regravando a música – já então no repertório de Elza Soares e Elizeth Cardoso e, depois, de uma infinidade de outros intérpretes.

O certo é que o musical sonhado por Vianinha teria sido idealizado em função do espetáculo *Rosa de ouro* que dirigi no Teatro Opinião, mas não tenho a menor lembrança de tê-lo feito (existem registros na imprensa atestando sua realização, além do testemunho de Xangô da Mangueira) – e acabou sendo mais um projeto a frustrar-se na minha vida, apesar dos esforços da falecida atriz Tetê Barroso, na época namorada de Elton Medeiros, que ainda tentou captar recursos para a empreitada.

Que o mistério, no futuro, se desvende.

Cartolagem, Bancos de Dados etc.

No prefácio do livro *Fala, Mangueira* (Marilia T. Barboza, Carlos Cachaça e Arthur de Oliveira Filho, José Olympio, 1980) conto de uma necessidade quase imperativa que detectávamos já à época do *Rosa de ouro*, a de conscientizar os sambistas que, por vezes isolados em suas escolas, poderiam aglutinar-se e formar uma espécie de banco de dados em cada agremiação. Paulinho e Candeia ficariam com a Portela, o Elton na Unidos de Lucas, eu na Mangueira – e assim por diante. Um material, enfim, que pudesse, em futuro, ser consultado pelas próprias comunidades e também pelos estudiosos da nossa música.

O samba vivia um grande momento: Clementina de Jesus tornara-se um mito popular, e todos os integrantes do *Rosa de ouro* (com destaque para Paulinho da Viola e Elton Medeiros) logo seriam consagrados (Nelson Sargento, Anescarzinho do Salgueiro e Jair do Cavaquinho). Aracy Cortes não mais voltaria aos palcos, depois de uma breve *rentrée* na Sala Funarte Sidney Miller.

O desencadeamento de todo esse processo de recuperação da memória da Mangueira e da Portela não resultou, infelizmente, nos tão sonhados bancos de dados. Trinta anos depois, apresentamos à Mangueira o projeto de um centro de memória que foi passando de mão em mão até se tornar um mero instrumento de manobra política, depois pulverizado em sua ideologia de ser guardião memorialístico da Verde-e-Rosa.

O mercantilismo que tomou conta do futebol é o mesmo que transformou o carnaval numa atividade comercial bastante lucrativa – menos para os verdadeiros sambistas e para as torcidas que sofrem nas arquibancadas por suas escolas. Hoje vendem enredos a peso de ouro, alugam fantasias pela internet, disponibilizam vagas para turistas que nunca viram um desfile. Escolas de samba, assim como no futebol, têm dirigentes poderosos que mandam e desmandam dentro e fora das quadras e raramente pousam olhos generosos sobre o pessoal que mantém a tradição da escola – negando-lhes, em alguns casos, o direito de eleger seus próprios dirigentes.

"Cartola", infelizmente, tornou-se também cognome pejorativo, registrado no *Dicionário Houaiss* como "dirigente de clube ou de qualquer entidade esportiva, visto geralmente como indivíduo que se aproveita de sua posição para obter ganho e prestígio". Graças a esse comercialismo desenfreado, não é raro flagrarmos carnavalescos migrando de uma escola para outra ou alugando seus serviços a outras agremiações, mediante depósitos bancários generosos. Outros, como o insubmisso Joãosinho Trinta, são expulsos quando não conseguem trazer os troféus e as vitórias que lhes cobram. Em tudo se parecem com os jogadores de futebol que hoje beijam uma camisa e fazem juras de eterno amor ao clube contratante para, depois, diante de uma montanha de dólares, alugar sua arte a clubes estrangeiros e oscular outras camisas, geralmente ornadas com os logotipos de seus patrocinadores. Evidenciam o que são: mercadorias. Assemelham-se àqueles políticos que, de eleição em eleição, surgem diante do eleitor sob uma nova legenda partidária – isso quando, num mesmo ano, não trocam de "ideologia" mais de uma vez: hoje à esquerda, amanhã ao centro, depois de amanhã jogando na extrema direita, e quase sempre enrodilhados numa maracutaia. Cartola e Ismael Silva há mais de quarenta anos já denunciavam esse esquartejamento cultural.

Angenor de Oliveira, o Cartola, o "Divino", este jamais praticou uma cartolagem. Quando inventaram a expressão "homem de bem", naturalmente pensaram nele, garanto. Ele e Paulo da Portela, entre muitos outros, são paradigmas de sambistas fiéis às suas escolas.

E o sonho do Vianinha, o musical da Mangueira?

E o que foi feito, enfim, do espetáculo sonhado por Vianinha?

Quando a antropóloga Lélia Coelho Frota me apresentou uma pesquisa de campo para o projeto "Pela memória do samba", por ela desenvolvido em 2001 com uma equipe de jovens pesquisadores para o Arquivo Geral da Cidade do Rio de Janeiro, que então dirigia, logo fiquei fascinado. Era uma enorme série de entrevistas gravadas com alguns dos mais expressivos baluartes da Mangueira, entremeada por sambas maravilhosos – a maioria dos quais era desconhecida do grande público.

Por uma dessas coincidências inexplicáveis, meu amigo Arley Pereira localizara, cerca de um ano antes, as fitas gravadas na Mangueira, e já mencionadas anteriormente, que eu julgava perdidas. Vislumbrei, com o convite de Lélia para coordenar os trabalhos, a oportunidade de ampliar algumas ideias que havia teorizado ao longo da vida, como essa de preservar a memória do samba através de um projeto todo ele elaborado em bases de pesquisa antropológica, cientificamente corretas.

As fitas do meu arquivo, que cobrem o arco de tempo que vai de 1963 a 1969 (ano da morte de Jacob do Bandolim), complementariam o trabalho da Prof. Lélia. O trabalho ganhava seu conceitual, agora com o apoio fundamental dos músicos Paulão 7 Cordas e Kiko Horta, acordeonista. Tínhamos ainda o apoio logístico (e um tanto comprometido, é verdade) do já falecido Comprido, da ala de compositores da Mangueira.

Aquelas fitas me fizeram regressar à década de 1960 e ao meu apartamentinho na Beco do Rio, depois na Benjamin Constant, e também às casas de Cartola, Carlos Cachaça e Neuma. Mas, sobretudo, fizeram meu coração revisitar a Birosca da Efigênia do Balbino, no Buraco Quente da Mangueira – ponto de encontro com estas e outras figuras exponenciais do samba, como Xangô, Padeirinho, Leléo, Zagaia, Preto Rico, Nelson Sargento, Nelson Cavaquinho, a portelense Clementina de Jesus (cooptada para a Mangueira por seu marido Albino Pé Grande), a porta-bandeira Neide e seu deslumbrante sorriso, o grande Delegado, Dona Mocinha – e como esquecer o velho Marcelino, Maçu (primeiro mestre-sala da escola), descendo trôpego o morro para se incorporar a nós? E, claro!, havia a comida trazida por Zica e sua irmã Menininha, mulher de Carlos Cachaça, que somávamos às bebidas que íamos catar nos botecos dos arredores – eu quase sempre de gravador em punho, prática que, com o tempo, fui abandonando.

Porém, a arte de esgrimir com a memória daqueles portadores de bens culturais convocados pela equipe da Prof. Lélia tornou-se um desafio e também um exercício fascinante. Dou como exemplo esse grande poeta-compositor que é Zé Ramos, autor de obras-primas como "Nasceste de uma semente", gravado por Mãe Quelé no primeiro volume do *Rosa de ouro* (Odeon, 1965). Pois bem, ao gravar seu próprio samba, agora, o autor me reservava uma surpresa: a linha melódica original era diferente daquela cantada por Clementina, que desconhecia também a existência de uma segunda parte da obra, substituída na gravação original por um improviso – recurso próprio dos partideiros-versadores.

Por ingenuidade, fui levado também a registrar como de autor desconhecido um samba de Paulo da Portela, "Orgulho, hipocrisia", a que acrescentei uma segunda parte – sem, evidentemente, dar-me parceria. Já havia sido gravado por Mário Reis com o título "Quem espera sempre alcança", em 1932, conforme apurei muito tempo depois. Outro samba, cuja autoria Clementina atribuía a Nelson Batinha, nem mesmo Dona Neuma e seus velhos companheiros de escola conseguiram identificar e clarificar se realmente pertencia à Mangueira, como a fita nos induzia a crer. Um samba ouvido às vezes há mais de cinquenta anos e pouco relembrado sofre o perigo de acabar perdendo sua identidade autoral.

Para ampliar a exemplificação desse problema, lembro que a curima "Benguelê" me foi apresentada por Clementina, que desconhecia sua origem, autores e a época em que a ouvira pela primeira vez. Claro, autor desconhecido! – concluí erroneamente. Tempos depois, a surpresa: Pixinguinha me chama ao Bar Gouveia e me apresenta a partitura original da obra, feita de parceria com Gastão Vianna. Por coincidência, Mãe Quelé estava quase sempre no epicentro dessas confusões que fiz. No que, aliás, tinha a contribuição entusiasmada de Albino Pé Grande, seu marido, que sempre concordava com ela, em quaisquer circunstâncias.

Valendo-nos da memória – por vezes claudicante e no mais das vezes traiçoeira – daqueles velhos depoentes mangueirenses, resvalamos para o campo das incertezas. São erros e equívocos inerentes à própria ingenuidade que cerca esse tipo de criação popular, que acaba padecendo de registros equivocados quando levados ao disco – como os que fui levado a cometer.

O conceitual traçado, inicialmente, era o de gravar apenas os sambas de terreiro, cantados na quadra até que nelas predominasse o samba-enredo – tendência acentuada a partir da década de 1960. Viu-se que a ideia teria que ganhar mais elasticidade, a partir do material coletado.

Não nos norteou nenhum dos critérios estéticos vigentes no mercado para registrar as obras no CD duplo *Mangueira: sambas de terreiro e outros sambas*, com tiragem limitada a 2 mil exemplares – e fora do mercado. Os atuais padrões das gravadoras comerciais, regidos por códigos duvidosos, refutariam seu conteúdo. Às fitas que pertenciam ao nosso arquivo particular e ao de Arley Pereira, incluí as que foram encontradas no acervo de Jacob do Bandolim – ele ao violão acompanhando Cartola, que raridade!

Desobedecemos aos critérios tradicionais nos trabalhos de edição daquele disco, optando por uma montagem que traduzisse o tempo decorrido entre o Bloco dos Arengueiros de 1928 e a Mangueira de trinta anos atrás, quando já se evidenciavam as adulterações que dinamitariam o conceito de escola de samba. (E clarificadas por Cartola num depoimento a Jacob do Bandolim, cuja síntese era o seu desgosto com a descaracterização da escola – o mesmo inconformismo tantas vezes expelido em amargas declarações por Ismael Silva, um dos bambas do Estácio e cofundador da "Deixa falar", que reiterava ter sido a primeira escola de samba.)

Optamos pelo registro dos lindos sambas da Mangueira por vozes estranhas ao mercado, mas familiares à gente do samba. Vozes por vezes rascantes, mas sempre emocionadas, timbres rasurados pelo tempo e nacarados pela vida, vozes pungentes e sinceras, como a de Menininha, e por isso mesmo tingidas pela rara beleza que dá significados tão amplos às coisas mais simples. Foi, também, o último registro de Neuma, Leléo, "seu" Zé Ramos, falecidos logo depois. Mestre Tinguinha, este queríamos registrar sua batida no tarol. Já estava doente e viria a falecer em seguida – assim como Dona Mocinha – sem um necrológio em nenhum jornal, logo ela!

"Esse disco é um *Buena Vista Social Club* sem imagens", sentenciou um amigo.

Intuí que aquele trabalho, proposto por antropóloga de renome, era o meu banco de dados que ressurgia, com outro formato e em novo suporte, e era, também, a oportunidade de retomar um projeto que optei por fazer à margem da minha escola. Qual o quê!

Dirão vocês: e esse disco, como encontrá-lo? Talvez no grande lixão onde sepultam diariamente a tal desmiolada memória brasileira nesse processo de pulverização cultural, ganhando talvez o mesmo destino de centenas de programas que produzi para a TVE, sendo apagados ou se deteriorando nas prateleiras, até que ao pó regressem, sob algum epitáfio grandioso.

Nos anos 1970, atuando na Funarte, lancei o Projeto Lúcio Rangel de monografias, do qual resultaram títulos sobre Cartola e Carlos Cachaça. Depois produzi os discos *No tom da Mangueira* e *Chico Buarque de Mangueira*, ambos monotematicamente abordando composições sobre a escola, aproveitando a homenagem que ela prestava a Tom Jobim e Chico Buarque. Era uma forma de registrar velhas e novas composições, muitas delas desconhecidas pela jovem comunidade mangueirense.

Banco de dados? Foi pensando assim que esbocei o projeto de um centro de memória que preservaria, para a chamada posteridade, histórias tão importantes quanto as de Cartola e Nelson Cavaquinho.

Hoje, outro centro de memória, dedicado a Cartola, tenta, minimamente, resgatar a obra de meu parceiro. O musical *Obrigado, Cartola!* naufragou em meio a turbulências financeiras. Mais uma vez, Cartola – como na lenda de fênix – tentava ressurgir das cinzas.

Concluindo

Um dia, num samba feito com Paulinho da Viola, expliquei que "a Mangueira é tão grande que nem cabe explicação", e com o meu querido Chico Buarque expus a sensação de que me sentia pisando um chão de esmeraldas quando transportava o coração para a minha Verde-e-Rosa.

"Alvorada em Mangueira, que beleza!" – ouço agora a localização geográfico-sentimental do tal morro onde a luz frouxa do crepúsculo surgia sob o canto de um bando de aves, numa fita antiga, localizada ao acaso. Quem canta? O próprio Cartola. O verso estranho ao original que ele e Carlos Cachaça me apresentaram para escrever a segunda parte, e redescoberto na fita trazida pelo amigo Arley Pereira, me fez lembrar da minha querida Neuma, contando que subira comigo até o cume do morro onde eu, extasiado, exclamara: "Vista assim do alto, mais parece um céu no chão", verso inicial do samba que ela jurara ter visto nascer.

Jamais contradiria minha ausente amiga, e posso até imaginar que ela é que tenha feito esse verso, que ao meu coração inconscientemente se agregou. Até porque essas coisas, como já afirmei, nem cabe explicá-las, já que minha Verde-e-Rosa, de tão grande, é mesmo de difícil explicação.

Teu cenário de beleza
hoje me dá tristeza
com o que se passa por lá:
esburacaram as paredes
e encurralaram seu povo
que melhor não existe, não há.
Gente boa, do batente,
honesta e muito decente
que sonha com os pés no chão:
as pedras, esmeraldas
que hoje viraram cápsulas,
que hoje alguns poucos crápulas
esparramaram em seu chão.

Pelas ruelas, vislumbro
Carlos Cachaça e Cartola,
símbolos de uma raça
que ninguém há de extinguir.
Beijo teu chão, minha escola,
Hei de te ver, majestosa,
atravessando, soberba,
a passarela que um dia
há de ser tua de novo,
como a praça é do povo.

*

MINDINHA DE VILLA-LOBOS

A data do nosso primeiro encontro oficial está lá, precisa e inquestionável – 12 de setembro de 1957 –, na foto autografada num apartamentinho modesto, na mesma rua Araújo Porto Alegre que abriga a centenária Associação Brasileira de Imprensa no Rio de Janeiro. Lá, Villa-Lobos vivia com sua mulher Arminda, mais conhecida como Mindinha – que não a chamassem de Arminda Villa-Lobos, apenas Mindinha, Mindinha de Villa-Lobos (o casamento oficial não se concretizara, por razões que não cabe aqui discutir).

A ida ao seu apartamento se dera por conta de uma admiração antiga. Levei meu parceiro Antônio Carlos Ribeiro Brandão àquele encontro e, sem gabolices, devo dizer que surpreendi o maestro com o suposto conhecimento que tinha de sua obra para violão.

Nem diria que tal conhecimento era uma balela ou decoreba pura: eu andava mesmo muito envolvido com tudo que dizia respeito à literatura do violão, por conta de um programa que escrevia para a Rádio MEC a pedido de seu então diretor, Mozart Araújo. Feito coleção de selos, de carrinhos, de estampas Eucalol, tratava-se de mania. Mania partilhada, vamos fazer justiça, por um colega de escritório numa firma de rebocadores onde trabalhávamos: o depois concertista e professor Jodacil Damaceno – este, sim, um *expert* na obra do maestro e dono, já então, de uma admirável discoteca especializada no instrumento (foi ele, aliás, que forneceu o som bonito para o violão de Joyce e abriu um leque de conhecimentos sobre música moderna para outro aluno, Guinga). Jodacil fornecia o conteúdo dos programas, eu batucava na Remington. Enfim, não fiz feio e ainda colhi bom material para um livro que, bem mais tarde, escreveria sobre a relação do maestro com a música popular. (Registro, a propósito, que, na ocasião da visita, Villa foi enfático ao responder a uma questão que fiz: sim, Bach não se envergonharia de assinar os estudos para violão de João Pernambuco.)

Mas, muito antes disso, Villa já fazia parte da minha vida. Durante anos alimentei a ilusão de tê-lo visto regendo nas megaconcentrações cívicas do 7 de Setembro, no estádio do Vasco da Gama. Pura imaginação: não tinha idade para isso. Eu apenas repetia os relatos de meus irmãos mais velhos – Villa regendo grandes orquestras, corais de 20, 30, 40 mil vozes, solistas como Augusto Calheiros, Paulo Tapajós, e misturando, que audácia!, a percussão da Mangueira com a da Sinfônica. Não há o que estranhar: ele ia ao morro onde morava Cartola para visitá-lo. Quando, em 1940, o maestro Leopold Stokowski aportou por aqui para gravar músicas populares brasileiras, Cartola e Zé Espinguela foram recrutados pelo maestro para ajudá-lo na escalação do time musical que iria entrar em campo: um transatlântico equipado com estúdio de gravação.

Mas estive algumas vezes diante de suas regências, que pareciam se caracterizar por uma coreografia própria e inusitada. Certa feita, no Municipal, regia as *Bachianas* com a batuta e, com os pés, enxotava um fotógrafo que desejava registrar o evento. No pátio do Palácio Capanema, diante de um corpo diplomático todo em fraques e com o almirantado e generalato em plumas e condecorações, ei-lo que surge em paletó de madras, camisa em estampa xadrez, a gravata em listras desconexas – um horror. (Conhecem o Agostinho Carrara, personagem do programa *A grande família*? Pois é.) Quando subiu ao pódio, foi aplaudido (ovacionado, melhor dizer) de pé por toda aquela multidão engalanada que se posicionara nos jardins suspensos daquela Babilônia tropical que Burle Marx criara no prédio do então Ministério da Educação e Cultura. Sob a sua batuta, a "Invocação em defesa da pátria", solada por Cristina Maristany, acompanhada pela Sinfônica e imenso coral, me fez entender o que significava subir aos céus.

Houve quem estranhasse quando mencionei o quanto ele gostava de Dalva de Oliveira. Não havia o que estranhar: Dalva tinha um registro de soprano generoso, uma afinação impecável (reconhecida, aliás, por João Gilberto), e chegou a haver uma aproximação entre o maestro e Herivelto Martins, então líder do Trio de Ouro, cuja voz principal era a de Dalva. Villa palpitava nos arranjos vocais de Herivelto, isto ouvi do compositor. Tom Jobim contava, aliás, que um dia chegou à casa do maestro e o encontrou compondo enquanto ouvia novela, cercado de crianças fazendo algazarra. Quando se identificou como o compositor de *Orfeu da Conceição*, Villa pôs-se a cantarolar o sucesso de Cauby: "Conceição, eu me lembro muito bem...". Como, então, não havia de conhecer o Trio de Ouro?

Villa adorava atravessar a rua para ir jogar sinuca e bilhar no décimo primeiro andar da ABI, cujo hino, não esqueçamos, ele compôs, com versos de Murilo Araújo. Almoçava quase sempre ali perto, no restaurante do Ginástico Português, e, claro!, sempre com Mindinha.

Mindinha? Pouco falava diante do companheiro. Passou a conversar mais depois da morte do maestro. A partir de então, seria uma viúva em tempo integral, luto fechado, o que fazia acentuar a cabeleira loura. A qualquer lembrança de Villa, caía em lágrimas. Lágrimas fartas, iguais às cataratas célebres. Ficamos, então, mais amigos. A seu pedido, escrevi não sei quantos depoimentos sobre ele.

Importante informar: foi ela que escolheu Turíbio Santos para gravar a versão integral dos doze estudos que Villa compusera em Lussac-les-Châteaux, na companhia do grande Tomás Terán. Fui conhecer o pianista cubano por indicação de Mindinha, quando ele morava na Cândido Mendes – e nos contou suas peripécias com Villa na Suíça, os dois confeccionando balões enormes e quase sendo arrastados por eles.

Sérgio Cabral afirma que fui à casa de Mindinha para pegar a partitura da *Bachiana nº 5* que Elizeth Cardoso interpretaria no Municipal (que noite!). Não guardo a menor lembrança dessa visita. Mas ficamos amigos, sim: Mindinha era um doce de pessoa. Ficou feliz quando letrei a "Marcha dos heróis do Brasil", transformando-a na marcha-rancho "Senhora rainha", que marcava a entrada triunfal de Aracy Cortes no palco do Teatro Jovem em *Rosa de ouro* (1965). Com a sua aprovação, letrei também o "Prelúdio nº 3", que Nana Caymmi gravou – lindamente.

Lembro um episódio com a cantora-violonista Olga Praguer Coelho, que desejava gravar a *Bachiana nº 5* apenas com voz e violão. Olga, então casada com Andrés Segóvia, apelou a Villa. Ora, que ela encomendasse ao marido espanhol, então o maior guitarrista do mundo. Mindinha tantas fez, que inventou que as cordas do violão de Villa estavam enferrujadas, e marcou um almoço para que Olga fosse lá trocá-las. E, nessa ocasião, a cantada foi irresistível: ele ao violão ia transpondo a belíssima ária, e Olga – horas depois – saiu com a versão que sempre desejara. Não chegou a gravar essa versão, porque já havia se retirado do mercado de discos. Morreu em 2009, aos 100 anos. Informo que tenho esse registro de Olga cantando e se acompanhando na célebre ária. Graças, claro, a Mindinha.

*

TURÍBIO SANTOS

Meu amigo Turíbio Santos dá créditos excessivamente elogiosos à minha pessoa, sempre que o assunto é informação. Eu me faço sonsamente de modesto, mas fico lambendo os elogios, sabendo-os verdadeiros.

Digo isso porque o grande violonista ainda usava uniforme do Pedro II quando foi vítima de uma das minhas habituais explorações na área da cultura. Villa-Lobos iria dar uma palestra no Instituto Benjamin Constant e eu simplesmente adoecera. Pneumônico, ordenei-lhe: "Pega um caderno, lápis, anota tudo o que ele disser. Porque tudo (tudo!) que ele disser é importante". Caracteriza-se, aí, uma clara exploração do trabalho de menores – mas que frutos belíssimos rendeu essa perversão cultural! A informação correta, datas, créditos para a fonte da informação – só agora, depois de uma noitada na casa do amigo, me dei conta de que Turíbio me ensinou a ensinar, embora meu currículo de professor não advenha de outra faculdade que não a vida, esta que não fornece anel, diploma em papel nem "doutorança" em coisa alguma.

Passados tantos anos – meio século, vejam só! – me vejo passando a limpo essa historinha entre dois jovens que, a partir de Villa-Lobos, começaram a construir suas biografias. E, hoje, é Turíbio quem observa que aquele seu primeiro contato com Villa-Lobos fez o destino armar a trama perfeita que o levaria a tornar-se diretor do museu que guarda a memória do mestre, por designação de uma grande mulher que iluminou nossas vidas: Mindinha de Villa-Lobos.

A vida e a carreira internacional de Turíbio sempre foram pontuadas por uma certa obstinação, que tem a ver com o pensamento do educador Paulo Freire: "pensar certo é fazer certo". Em todos os momentos em que nossas vidas se cruzaram, me acostumei a observá-lo nas ações culturais em que fomos parceiros. Foi assim em dezembro de 1964, quando pisou o palco do Teatro Jovem do Kleber Santos com seu violão. Na coxia, nervosa, bebendo quase um litro de cinzano, uma preta-velha linda, totalmente desconhecida do grande público: Clementina de Jesus. Essa glória ninguém rouba do meu amigo: a ousadia de colocar sua arte a serviço de uma outra expressão, diametralmente oposta à sua – e aos 20 anos de idade.

Vamos encontrá-lo em 1971 acompanhando Elizeth Cardoso num dos *Concertos para a juventude*, ela cantando Villa-Lobos. Um ano depois, pisaria o palco do Teatro Tereza Rachel com Dino 7 Cordas, Jonas do Cavaquinho e Benedito César Farias (pai de Paulinho da Viola), violão de seis, todos remanescentes do conjunto Época de Ouro de Jacob do Bandolim, falecido pouco antes, em 13 de agosto de 1969.

Há um momento especial em nossas vidas, em 1977, que destaco sempre: quando o apresentei (e também a Elizeth) a um menino de olhos e cabelos claros, gordinho, 15 anos de idade, que já desenhava seu futuro como um dos ícones do violão brasileiro: Rafael Rabello. Turíbio iria gravar o LP *Choros do Brasil*, produzido por mim, e logo agregou nosso Rafa ao trabalho. Foi, imagino, a primeira ou segunda vez que Rafael pisou num estúdio de gravação. Turíbio acabaria sendo um ótimo conselheiro para o menino que ali começava sua carreira.

Os aplausos iriam crescer em suas turnês internacionais, levando-o a fixar-se na Europa durante largo tempo, mas, claro!, sem nunca deixar que sua identidade original fosse apagada do seu passaporte: maranhense, carioca, brasileiro.

Poderia citar outras pessoas que foram importantes em nossas vidas, já que aqui dou um depoimento bem pessoal sobre o amigo: María Luisa Anido, primeira-dama do violão clássico, Oscar e Irma Cáceres, Jacob do Bandolim, Cartola, Jodacil Damaceno, Antonio Rebello. Ah! Quanta gente estarei omitindo!

Como se fosse uma foto na parede, agora divido "seu" Turíbio e Neyde Santos admirando o filho que a cada dia mostrava uma faceta: ora na prancha, desenhando, ora lutando caratê e, ao mesmo tempo, se assanhando com as meninas que o disputavam – e estudando violão obstinadamente.

Mas cultura/informação foi o binômio que mais nos aproximou. Lembro-o saindo, Brasil afora, em temporada pelo Projeto Pixinguinha ao lado da grande Alaíde Costa. Aquele finado programa cultural (1977) alicerçou alguns sonhos que alimentávamos: preservar a memória nacional, criar resíduos culturais (discos, programas, o que fosse) e jamais deixar de informar – e informar obsessivamente, sempre de olho em alguém que estivesse à margem do mercado.

Nessa época, em pleno regime ditatorial, fundamos a Sombrás e o Albino Pinheiro criou o Projeto Seis e Meia (estruturei apenas a parte artística), que serviu de modelo para o Pixinguinha. Quando assumiu o Museu Villa-Lobos, Turíbio viu-se logo que era a pessoa certa para o lugar certo: aposentou a casaca dos concertos, vestiu uma calça jeans e subiu o morro, inventando o projeto Villa-Lobinhos.

Num certo momento da sua vida, cansou-se de peregrinar pelo mundo. Era avião dia sim e outro também, os filhos crescendo, a bolsa de viagem com o mínimo necessário, e no ombro o tal companheiro inseparável, com não sei quantos jogos de cordas para aguentar as intempéries, do frio brabíssimo à canícula devastadora. Jogou o passaporte na gaveta, e só o tira de lá quando o compromisso é transcendental.

Hoje, tanto tempo depois, claro que me sinto envaidecido em novamente escrever sobre Turíbio. Na verdade, escrevi (escrevemos!) um livro inteiro sobre ele dentro da coleção "Álbum de retratos" (Edições Folha Seca, 2007), idealizada por meu parceiro Moacyr Luz.

Claro que nem tudo está ali: a noite recente em seu apartamento, ele e sua mulher Martha nos recebendo regiamente para fazer um registro audiovisual do violonista pernambucano Henrique Annes. O vinho tinto, farto, desceu pela goela e fez com que o violão de Annes me acompanhasse numa cantoria desembestada, lembrando os tempos do bairro da Glória, do meu apartamento "já vi tudo" quase ao lado da Taberna da Glória. E os saraus na casa de Antônio Carlos Ribeiro Brandão, sempre com Jodacil Damaceno e Nicanor Teixeira ao lado, e de quando em vez "São" Ismael Silva ou Aracy de Almeida cantando e informando, que beleza! Éramos duas antenas captando tudo, a informação já era vício e doença.

Olhando de longe o meu amigo, tenho o maior orgulho de pertencermos à mesma patota de gente que cultiva a utopia de melhorar o mundo através da educação musical, operários sonhadores em tempo integral, dois senhores malucos que ainda (e graças a Deus!) cultivam a mania de acreditar nos jovens.

Essa crença me fez fustigar Maurício Carrilho e Luciana Rabello na criação da Escola Portátil de Música e atiçar Pedro Aragão a preservar a memória de Jacob do Bandolim num instituto que leva seu nome. Do outro lado, mas na mesma via, o Villa-Lobinhos crescia.

*

CANHOTO DA PARAÍBA

Paulinho da Viola é testemunha: um sonoroso palavrão sublinhou o gesto insólito: o copo de chope atirado ao ar, respingando a sala, os músicos, a ceia de Cristo, as partituras e os corações de todos nós que assistíamos, maravilhados, àquele momento absolutamente inesquecível. A emotiva e explosiva manifestação de mestre Radamés Gnattali, ao ouvir o violão de Canhoto da Paraíba, traduzia um pouco do nosso êxtase ao conhecer um tipo de manifestação musical que Jacob do Bandolim – o dono da casa e organizador do sarau – fora capturar em Pernambuco.

Corria, é bom lembrar, o ano de 1959, e havia ainda, ecoando na casa, o saxofone de Pixinguinha e os violões de Zé do Carmo e Dona Cessa. Nascido Francisco Soares de Araújo em Princesa Isabel, na Paraíba, em 19 de maio de 1928, Canhoto atende também pelo diminutivo carinhoso de Chico Soares na praça do Recife, que elegeu para exercer-se como autêntico músico popular. É um mestre na arte da composição e um virtuose em seu instrumento.

Ao deitar raízes em Pernambuco com o seu violão canhestro (inverte a posição do instrumento sem trocar as cordas), foi tocar em 1946 na Rádio Clube de Recife, passando a conhecer um feudo musical de altíssimo nível, que abrigava os irmãos Miranda (dentre os quais se destacava o grande Luperce), Sivuca, Tia Amélia do Jaboatão, Nelson Ferreira, o bandolinista Rossini – além dos já citados Zé do Carmo e Dona Cessa.

Na terra de Luiz Gonzaga e João Pernambuco, o paraibano Chico Soares começou a ganhar fama. Gravou em 1968 seu primeiro disco, *Único amor*, e em 1977 lançou o antológico *Canhoto a mais de mil*; na companhia de Paulinho da Viola, seguiu em excursão pelo Brasil no Projeto Pixinguinha (Paulinho, com orgulho de fã nº 1 do companheiro, conta, com humildade, que Chico Soares foi a grande estrela daquela série memorável de espetáculos). Participou depois do Pixingão, gravou em meu programa na TVE, na companhia da Camerata Carioca e do Nó em Pingo D'Água, e então colocou suas mais de cem composições debaixo do braço e voltou para o Recife. Foi lá encontrar-se com Henrique Annes, a Orquestra de Cordas Dedilhadas de Pernambuco, a Oficina de Cordas, o cavaquinho genial de Jacaré.

Quando se fala de violão brasileiro, a gente costuma logo lembrar de Villa-Lobos e de seu encantamento por mestres iguais a Sátiro Bilhar, João Pernambuco e Donga – seus companheiros de serenata. Pois Canhoto da Paraíba integra esse clã em que hoje pontificam Baden Powell, Rafael Rabello, Nonato Luiz, Turíbio Santos, Maurício Carrilho, os irmãos Assad e Sebastião Tapajós – todos discípulos da grande universidade legada por Dilermando Reis, Dino 7 Cordas, Meira e tantos outros mestres que formaram a escola brasileira de violão.

O disco *Pisando em brasa* (1992), que gravou em companhias ilustres como Paulinho da Viola e Rafael Rabello (a leitura da ficha técnica revelará o cuidado com que se cercou o grande compositor e instrumentista paraibano), por certo faria o mestre Radamés repetir o gesto insólito de quando conhecemos Chico Soares na casa de Jacob do Bandolim, fazendo-o berrar, entre respingos de chope: "Esse cara é um doido!".

*

LÚCIO RANGEL, MEU AMIGO

Quase todo colecionador de discos se julga pesquisador e – é regra quase geral – faz parte de um bando de chatos de galocha. Nosso mestre Lúcio Rangel fugia a esse estereótipo. Ele era um pesquisador nato que também colecionava discos, e exercia seu ofício vasculhador com a mesma devastadora paixão que dedicava à literatura francesa.

Levava uma vantagem: era uma pessoa doce e que, além do mais, bebia bem, com o bônus de ser tremendamente generoso. E excêntrico: contratou um carregador para levá-lo à casa num chamado "burro sem rabo" – para quem não sabe, uma minijamanta de apenas duas rodas, que exige a força braçal de um carregador.

Radical? Era, sim. Jazz, só admitia com músico negro. Tinha paixões explícitas: Louis Armstrong, Jelly-Roll Morton, Fats Waller. Desancou Carmen Miranda durante algum tempo para depois cair-se de amores por ela. Execrava Vicente Celestino, mas um dia me convocou ao seu apartamento para, à beira de fartos uísques, ouvir os discos do cantor. Fez serenata ao contrário para Jacob do Bandolim: Lúcio da janela com seu famoso trombone imaginário, Jacob lá embaixo, balançando a cabeça e dizendo que aquele ali não tinha jeito. Um dia, e todos sabem da história, Jacob levantou cartão amarelo para o amigo, que havia mijado em seu jardim. Proibido de frequentar suas rodas de choro durante um mês. A suspensão durou, talvez, uma semana.

Uma vez o flagrei arrumando as estantes de discos do Sérgio Porto, o Stanislaw Ponte Preta, seu sobrinho. "Tá dando uma de maluco", explicou apontando o tio. Morreu um pouco quando Sérgio se foi. "Não vou chorar", exclamava aos prantos.

Era vocacionado para as grandes devoções, como a que tributava a Cartola. Cartola, não: o "*divino* Cartola"; "Ismael, não!" (retificou, também exaltado, com o dedo na cara de Mário de Andrade, em plena Taberna da Glória), o "*grande* Ismael" – sempre superlativo. Vivia cercado por um bando de amigos que o idolatravam. Em seu altar, Aracy de Almeida.

Deu-se que um dia, eu já trabalhando na Rádio MEC por conta do aval de Lúcio ao Mozart Araújo, eis-me chefiando uma equipe da qual ele fazia parte. Ele, meu ídolo e padrinho de carreira, aquele que um dia me levou, sem nunca ter me visto antes, à casa de Manuel Bandeira para mostrar-lhe um escrito meu. (O poeta, membro da cadeia de generosidade patrocinada por Mário de Andrade, fez com que publicasse aquele mistifório na *Revista de Música Popular*, uma espécie de Bíblia para nós. Devo-lhe esse pontapé inicial: 1956.)

Guardo há tempos uma informação que ouvi de Cartola. Tinha convidado Lúcio para almoçar, Zica preparara o almoço, e nada do convidado ilustre chegar. Preocupado, o "Divino" telefona para o Mestre e este balbucia qualquer coisa ao telefone e silencia. Cartola ouve um ruído, talvez o telefone caindo ao chão. Fulminado por um ataque cardíaco, silenciava ali o trombone imaginário de Lúcio Rangel.

Desculpem: acabei falando mais de mim do que do meu querido amigo, aquele que por bom tempo acolheu outro jovem, o grande Zé Renato (que eu chamo de Zé Voz-de-Água) em sua casa, porque, como já disse, tinha o maravilhoso dom da generosidade, aliado a uma rara inteligência.

Lúcio Rangel, meu amigo,
há tempos te devo um obrigado
por ter me escancarado as portas
do mundo, com tanto cuidado.

Manuel Bandeira sorrindo,
e eu, menino, me aturdindo
diante daquela surpresa
proporcionada por ti.

Depois foi Pixinguinha,
minha Araca, São Ismael,
e tudo que ao meu encontro vinha,
tinha você por perto
e sempre fazendo um escarcéu.

Donga, Jota Efegê,
João da Baiana, Cartola,
Paulinho, Zé Keti, Elton,
Linda, Heleninha, Elizeth,
Radamés e Tom Jobim –
e também Carminha Rica.

Era, enfim, um céu aberto:
era Eneida, era o Walter
retrabalhando as sucatas,
e a nossa Taberna da Glória
(você com Mário de Andrade!).

Eram histórias tão fartas
que ao Jacob do Bandolim
corria para contá-las.

Sem falar de Clementina!,
nossa Stella matutina,
e também nosso Drummond.

Lúcio Rangel, que saudade!

*

VOZES CASTO-RINAS

O jovem Hermínio

Lembro-me de uma mulher que a recordo como se fora alta e desdentada e desgrenhada e de pés enormes que, à porta de um barraco na Mangueira, se esgoelava num samba lancinante, que ao meu coração provocou toda sorte de disfunções.

Durante anos procurei saber quem era ela. Sua figura, durante largo tempo, insistiu em grudar-se na minha memória, ela encostada à mesma porta do barraco sem que a conseguisse identificar. Pela descrição física que eu fazia aos meus interlocutores, aventavam que poderia ser uma mulher de nome estranhíssimo, Castorina, pastora mangueirense que havia já se escafedido pelas vielas da vida.

Quase quarenta anos depois, encontrando uma fita rara, gravada precariamente no barraco de Cartola ou Carlos Cachaça, descobri a voz e sua dona: era Menininha, mulher do próprio Carlos. Figura mirradinha, frágil, de pés gravosos e pequenos, mas que cantava com o mesmo vigor de Pastora Pavón ou Clementina de Jesus.

Mas, e aquela outra, a louca do circo? Aquela de voz deslumbrante, que cantava na rua, carregando sei lá o quê naquele matulão que levava às costas? Não tinha hora nem dia certo para incorporar-se na rua: de longe eu já a ouvia, corria à janela, sempre com a advertência de me precaver, porque ela era "a louca do circo". Tenho na lembrança a sua voz cantando uma música do repertório de Vicente Celestino, e por vezes a confundi com outra pretensa louca, Dona Cristina, uma negra sempre em batas e turbantes brancos, descalça, que lavava suas roupas no meio da rua e que depois me afirmaram que não, não cantava – ao contrário da louca do circo. Eu a havia sonorizado por conta da minha imaginação infantil.

***

Regressemos a 1929, a voz do embolador Chico Antônio aos 27 anos, já encharcada pelo álcool, fazendo Mário de Andrade levitar em êxtase ("Um Caruso!", dizia a todos, "uma das vozes mais maravilhosas que já escutei em minha vida, Gigli inclusive"). Não exagero não, quando afirmo que a voz dele tinha os tons de ouro do sol, um calor, um tenor levemente abaritonado mesmo nos sons agudos, uma sensualidade vigorosa, que nos deixava imediato em estado de encantação.

Mário nos legou a sensação daquela primeira vez que ouviu o cantador, mas cuja voz nunca registrou e nem fez registrar até morrer em 1945. Um registro de Chico Antônio em 1982, ele já aos 77 anos, deixou a certeza de que a magia e o encanto do ganzazeiro-embolador que a Mário fascinara, definitivamente ficara apenas secretada em seus ouvidos. Como Eduardo Escorel, aliás, observou em seu prefácio a *Vida de cantador*, Chico Antônio já havia perdido o poder de sedução: "Sua essência, neste sentido, está há muito tempo perdida para sempre".

Não houvesse eu perpetuado em discos a voz de Clementina, como iria explicar seu mistério? Como iríamos conhecer o repositório de cânticos que jamais havíamos ouvido? Morreriam com ela.

Mas do tempo não se esgarçou a voz de Billie Holiday cantando "Strange fruit" – sobretudo nos poucos minutos de um documentário onde ela aparece cantando um trecho da música: era Castorina, era a louca do circo, era um gênio que a tecnologia fixou em poucos fotogramas. Está lá o esgar lancinante, como um fio de navalha nos atravessando a carótida, ela pintando com a voz sua particular tragédia de Guernica, os negros enforcados e pendurados nas árvores, visão que talvez nem Picasso conseguisse eternizar em tela como ela o fez com sua voz e que o filme em preto e branco fixou em fotogramas.

***

Menininha era e não era Castorina, assim como o cantador Chico Antônio, 77 anos, não era mais aquele Chico Antônio que aos 27 anos despertou desvairada paixão em Mário enorme. Mas suponho o que Mário sentiu ao ouvi-lo quando, diante de mim, João da Gente e Atahualpa Yupanqui e Mãe Clementina de Jesus, em situações diferentes, me apresentaram suas vozes.

Seu João, em 1965, tinha a afinação, a beleza e uma dicção notáveis, além de ser um improvisador celebrizado na arte do partido-alto. Gordo, negro retinto, sempre em ternos de linho branco, distinguia-se, além do mais, pela galanteria portelense, pelo vocabulário rico na hora das mesuras.

O outro, Yupanqui, um argentino quase *coya*, era o poeta com voz oposta à do partideiro: roufenha, carregada de uma tonalidade cinza de estanho, cheia de estrias. Parece que a reouço agora, na caligrafia quase sonora dos versos que de próprio punho escreveu e me dedicou em 1976, cinco anos depois de ouvi-lo cantar no Théâtre de La Ville e ir com ele jantar num modesto restaurante da Rive Gauche.

Clementina era uma tribo, era toda uma áfrica que a tinha guardada na garganta repleta de tambores.

**

Memórias esparsas, atemporais por natureza, eu *passageiro de um relâmpago* que insiste em esbarrar em *cumulus nimbus* que possam ameaçar a estabilidade de seu voo – eu mero passageiro do tempo, nunca aviador, a trafegar aéreo entre a realidade, a ficção e a fricção com que deixo meus sentidos fustigarem as muitas palavras, a que se atritem e relampejem. Prossigo meu caminho reouvindo a voz vicentina da tal louca do circo quando uivava que nem loba para a lua que lhe aparecia sob o mais intenso e luminoso sol. E lá vou eu por entre biroscas perdidas e vielas não mapeadas, cavucando trilhas e mais trilhas de cantorias, munido apenas com uma lupa de lentes biconvexas estriadas pelo tempo, rastreando essas vozes.

Algumas aparecem cobertas por uma carapaça calcária semelhante às cracas que se agregam, que nem menininhas precocemente enrugadas, ao casco das embarcações postas em naufrágio. Outras, que nem a do versador elegante da tribo Portela ou a do velho *coya* com perfil estanhado, ressurgem porejadas de uma fuligem que um cometa desatinado sobre elas pulverizou, aperolando-as.

E lá vai a minha desatinada e confusa alma esmagada pelos enormes pés de Castorina, ela se ardendo num samba dilacerante, sua voz gosmenta queimando e crepitando ao sopé dos meus ouvidos, agora também enfeitiçados por outra voz que vem de longe.

Adeus sala! Adeus cadera
Adeus piano de tocá!
Adeus tinta de escrevê!
Adeus papé de assentá!
Boi Tungão!...

 E lá está ele, o ganzazeiro-embolador Chico Antônio, ornado em fitas e ardendo em cachaça para se despedir do "dotô seu Mário", provável inventador daquela voz opalina e benguê, cheia de fundamentos. Sua garganta era habitada por duendes invocados nas mandingas do "seu dotô" para que nunca a desvendássemos em seus sortilégios, para que sua voz se petrificasse ali, escrava apenas de seus bruxedos.

*

MÁRIO DE ANDRADE E O DEFLUXO

É aquela coisa meio agoniada que, de quando em vez, encosta na gente. Uma ansiedade que, lá na roça onde meu avô Gregório ponteava sua viola, era imediatamente diagnosticada como defluxo. Aliás, *defrucho* – diziam, benzendo-se. Uma espécie de catarreira encravada na alma, explicava um sábio do lugar. Baixasse um banzo ou uma *tristorosidade* qualquer, e logo vinha uma tia dizendo que o Belzebu--Cramulhão tinha *afrexado* a gente, deitado *defruxo*. E tome chá de erva-cidreira, e tome banhos de erva carregados no sal grosso para exorcizar o Demo, "guspir" o trancaço, destravar a mucosa, a pingadeira correndo frouxa. E se rezava muita ave-maria e pai-nosso, e até emplastro de ervas era utilizado em último recurso para desanuviar os espíritos e espantar o banzeiro, o encosto engrunhido na alma.

É mais ou menos o tal *defrucho* que me dá agora quando me perguntam, pela enésima vez, se já consegui alguma imagem do Jacob do Bandolim, além daqueles sete segundos dele, todo pimpão, dando entrevista na porta do Museu da Imagem e do Som. Qual o quê! Pensava ter esgotado toda a minha procura, eu com uma lupa igual a um Sherlock Holmes, vasculhando cada cantinho da tal memória irracional brasileira. Uma pista aqui, outra acolá – tudo rebate falso. Agora descubro uma foto clicada diretamente da tela da tevê: Jacob tocando seu bandolim num programa em homenagem a Pixinguinha, na TV Globo, em 1968. E, há pouco, outro susto: um colecionador de imagens me informa que tem, sim, me afirma, uma imagem de Jacob tocando seu bandolim. Me liga em seguida: foi conferir, e o locutor até anuncia, "com vocês, para tocar o 'Vascaíno'...", e aí, *plact!*, cortaram a imagem. Tivesse grana, colocaria anúncio nos jornais: "Jacob: procura-se". E também: "Mário: procura-se".

Explico. Nunca entendi muito bem essa coisa de não se ter um registro, unzinho sequer, de uma imagem de Mário de Andrade em movimento que a gente pudesse passar e repassar nos aparelhos de vídeo – DVD, aliás. E o seu tão decantado narcisismo, que o fazia posar para fotos e mais fotos, retratos e mais retratos, expor-se e desnudar a alma até não mais poder através de uma epistolografia única em nossa literatura? Como explicar essa ausência de um mínimo registro em movimento e voz, logo ele que tinha, às mãos, gravadores e filmadoras para saciar sua insaciável e brasileira fome de documentação? E já especulo: ele se esquivava, se esquivava, não? Diria mesmo: fugia, escapava arredio, não queria o gesto em movimento, a melodia da voz entornando à toa nos ouvidos dos outros. O que, afinal, o assustava?

Sete segundos. Me bastariam sete segundos para conhecer seu gestual amplo, ele "grande de corpo e largo de ombros, meio desengonçado", ouvindo seu riso sacudido e escancarado "de corpo inteiro, de dentro pra fora", conforme o descrevem Moacir Werneck de Castro e Pedro Nava. Ouvir, quem sabe, seu habitual "Que delícia!", sua fala de inflexões tão próprias a exclamar, dengosa, "Ah! que gostosura", numa voz que era bonita e cantante, conforme propalavam a Alba e o Guilherme Figueiredo.

Dizem – mas até agora ninguém conseguiu obter – que ele estaria num *traveling* rapidíssimo de um documentário, filmado sabe-se lá onde, quando e por quem. Vejo e revejo dezenas deles. Toda a trajetória do ditador Getúlio Vargas encontra-se documentada: Vargas discursando em palácio; Vargas e Capanema; Capanema e Portinari; olha ali o Villa-Lobos! Mas procuro Mário e não encontro. Como se escondia!

Procura-se. Mas não para vasculhar, remexer, espiar, invadir, violar, devassar suas intimidades por entre as frinchas dessa porta que foi sua vida, cheia de velaturas e tempos de delicadeza, que, deliberadamente, ele mesmo deixou mal entreaberta. Não, não. Talvez, e por que ser hipócrita?, para que não conhecessem a fúria de seus demônios, as cantarias do seu "sublime inferno", esse vulcão de complicações eternamente à beira da erupção. Gostaria de me confrontar com essa "monstruosa" sensualidade percebida por Paulo Prado e quase explicitada a Dona Oneyda. Mas sem os olhos ou ouvidos sujos como os de Oswald de Andrade, a quem Mário desejava fosse à *reputa que o pariu* a padecer nas larvas do inferno. É uma necessidade de traçar, com elegância e cuidados, um perfil psicológico que os meus sete anos de análise só me fizeram aguçar a curiosidade de conhecer. Conhecê-lo para, talvez, me conhecer melhor.

Não é a curiosidade de flagrá-lo, nesse *traveling*, empoando a cara para atenuar o achocolatado da pele, ou confessando invejar o chapéu colorido de Maria Amélia Buarque de Holanda. Mas, quem sabe, surpreendê-lo cantarolando na Taberna da Glória aqueles sambas de carnaval que ele tanto gostava. Seria lindo.

(Por falar em chapéus, pergunto a Maria Amélia como era aquele que a Mário de Andrade tanto encantou: de palhinha branca, cheio de passarinhos e fitas numa profusão de cores, sobretudo verde e vermelho, e um veuzinho pequenininho que lhe dava um charme especial. "Um amor de chapéu", lembra, que imagino ter saído de um personagem de Manet e que Memélia adquiriu numa chapelaria perto do Theatro Municipal. Memélia, a viúva do historiador Sérgio Buarque de Holanda, a mãe e o pai, portanto, de Miúcha e Ana e Chico e Cristina Buarque – que prole!)

Quantas e quantas vezes me surpreendi fixando os olhos de seus amigos, procurando Mário na retina deles, me dizendo lá por dentro: esses olhos viram o Mário. E o vi um pouco nos olhinhos da professora Oneyda Alvarenga, na derradeira visita que lhe fiz; também nos de Mignone e Guarnieri, quando foram reverenciá-lo em meu programa na TVE. Vejo-o, ainda, no tilintar dos gelos no copo de uísque de Fernando Sabino e, agora mesmo, nesses pirilampos lusco-fuscando nos diminutos óculos de Zé Bento, como também nos de Memélia – ela agora aqui em casa, quanta honra!

Visito com um amigo, Helton Altman, a casa da Lopes Chaves, onde ainda existem resíduos físicos da presença de Mário. Aqui e ali não conseguiram remover ou demolir tudo. O que deveria ser uma casa dinâmica de cultura é agora um imóvel alugado. Mas, antes de subir a escadaria, pareço ouvir a agonia de Mário, o sofrimento de Oneyda Alvarenga à beira da escada, impedida, por escrúpulos, de subir – imagine deixar-se ver em pijamas!, ele não o permitiria –, e releio mentalmente a carta da professorinha para Henriqueta Lisboa narrando os últimos momentos de seu mestre, que o ouço agora andando pela casa.

(Remeto-me aqui a *Mário de Andrade, um pouco*, de Oneyda Alvarenga, exemplar que me foi ofertado pelo bibliófilo José Mindlin em 15 de julho de 1982. Consulto ainda o *Montanha viva: Caraça*, de Henriqueta Lisboa, que me foi enviado pela autora em 1963 com a seguinte dedicatória: "A Hermínio Bello de Carvalho, pela notável poesia de *Ária e Percussão*, obrigada". Grande poetisa, sobre quem Drummond escreveu: "Não haverá, em nosso acervo poético, instantes mais altos do que os atingidos por este tímido e esquivo poeta". Segundo Manuel Bandeira, essa perfeição "não é fruto de fácil virtuosidade: é perfeição da natureza ascética, adquirida a força de difíceis exercícios espirituais, de rigorosa economia vocabular". Poderia continuar citando o que sobre ela escreveram Sérgio Buarque de Holanda, Sérgio Milliet e o próprio Mário, além de Antonio Candido ou Alphonsus Guimarães ou Otto Maria Carpeaux. Mas me pergunto: hoje, quem sabe de Henriqueta Lisboa? Feito o chapéu de Memélia, parece também que sua poesia perdeu-se na memória dos nossos críticos-historiadores.)

Sim, falava de Zé Bento, José Bento Ferraz – sua voz agora no meu gravador, declamando, mandando suas poesias e me dizendo as coisas ternas que a vida não me deu tempo mais largo para, quem sabe, ouvir do próprio mestre. "Zé Bento[4] está vivo?", me pergunta Moacir Werneck de Castro. Sim, pouco sai de casa, fica o dia todo cuidando de seus livros. Cobro-lhe sempre a correspondência dele, secretário, com o seu chefe: como era o dia a dia, a sua metodologia de trabalho (que fazia um dia valer por três ou quatro), que tanto tempo assim ele conseguia inventar para escrever centenas de cartas, milhares de artigos, ouvir música e ir ao teatro, organizar a cabeça de seus tantos amigos antigos, além de recepcionar os novos que vinham chegando. E saber da sua tristeza quando se exilou no Rio, esse despedaçamento da sua vida que, em parte, fiquei conhecendo através de Guilherme Figueiredo e, sobretudo, de Francisco Mignone – resguardados os aspectos mais íntimos, é certo.

[4] *Zé Bento partiu silenciosamente em 2004, sem um necrológio sequer, mas chegando a participar do disco comemorativo de meus 70 anos, declamando os versos do "Timoneiro" – samba que fiz de parceria com Paulinho da Viola.*

Comecei falando em defluxo e me lembro de um trecho de filme que exibiram há pouco: lá está Noel Rosa no Bando de Tangarás, a figura pequena agarrada ao violão, quase estática, talvez ocultando a falta do queixo – pois sempre acho que alguém se esquiva de seu lado pior numa foto ou de uma câmera que, um dia, irá mostrar o que não se quer ver exibido. Essa é a sensação que me dá ao pensar em Mário.

Sei lá por que me lembrei agora de uma senhora que andava sempre com um álbum de fotos de seus defuntinhos, eles no caixão cheios de flores. Assim ela carregava seus mortos. Não é esse o meu sentimento. Conhecer Mário num trecho ainda que pequeno de um filme me daria a sensação de, quem sabe, estender-lhe a mão ou abraçá-lo – um dia as novas tecnologias, eu sei, permitirão isso tudo. Talvez, até, fazê-lo sentar-se à minha mesa da outra taberna que, na Glória, mudou-se para alguns metros adiante. Mas, que importa? Está lá a lembrança dele, a placa na Santo Amaro nº 5, dizendo que ali morou. E tem os olhos de Zé Bentinho que, fitando-os bem, neles vejo Mário encravado na retina – ele sorrindo para mim e me perguntando se o tal chapéu, afinal, a Memélia já se desfez dele.

A PLACA DE MÁRIO

Quem hoje passar diante do edifício nº 5 da rua Santo Amaro, no bairro da Glória, encontrará uma placa-aviso de que ali morou Mário de Andrade, durante o período em que se exilou no Rio de Janeiro. Mas nem sempre foi assim: a tal placa um dia sumira de circulação, arrancada por um síndico homofóbico que nutria aversão pelo autor de *Macunaíma*.

Sua redescoberta se deveu um pouco a Carlos Drummond de Andrade, a quem eu ligara para lembrar-lhe que os 90 anos de Mário de Andrade passariam em branco – o que seria lastimável – e que se impunha comemorar aquela data. "Ninguém mais quer saber do Mário, quem foi Mário de Andrade" – é mais ou menos o que ouvi de Drummond. Um balde de água fria. Melhor dizer, de gelo.

Me impus, ali, um desafio: tomaria a iniciativa de desvendar o mistério do sumiço da placa e, aí sim, voltaria ao poeta e a quem ele me recomendasse. Fui à luta. E hoje, folheando as provas do *Áporo itabirano* (minha correspondência com Drummond), vejo que uma posterior e entusiasmada carta de adesão do poeta é que me fez tocar com mais entusiasmo esse projeto.

***

– Quem fala?
– Aqui é um dos seus namorados.

Eu, moleque teimoso, de um lado da linha, Pedro Nava do outro. Não o conhecia pessoalmente, e esse *namorado* a que me referia tinha a ver com a legião de admiradores, todos nós, que Nava havia conquistado com a sua obra, surgida como um clarão em 1972 com o *Baú de ossos*. (Há que contextualizar sempre o fato narrado, para que não deixe em maus lençóis o pretenso e desmemoriado memorialista que sou.) Logo, evidentemente, me identifiquei e pedi-lhe um texto sobre Mário de Andrade, com quem trocara vasta correspondência.

Aquele afago telefônico de um admirador anônimo volta agora em forma de um filmete que, em *flashback*, insiste em reverberar na minha lembrança a brincadeira desastrosa, despropositada, possível acionadora de mil conjecturas por parte do meu interlocutor no primeiro momento em que a recebeu. Afinal, foi através de um cruel telefonema que ele tomou a decisão extrema de se fulminar com um tiro na cabeça por conta da chantagem que vinha sofrendo de um cafajeste. O porquê do suicídio ficou mais claro num telefonema pessoal que dei a um também inconformado e indignado Guilherme Figueiredo. (Lembro-me de Mário, da sensualidade a que ele se referia numa carta a Oneyda [*Cartas: Mário de Andrade e Oneyda Alvarenga* (Duas Cidades, 1983)], levantando a tese de sua pansensualidade.)

Em seu *Mário de Andrade, correspondente contumaz* (Nova Fronteira, 1982), Nava conta que "naquela casa existiu, e foi retirada não sei por quê, uma placa que dava notícia da passagem ali do grande brasileiro". Retirada "por implicância de um síndico", reiterou-me Rubem Braga, confirmado por Francisco Mignone. Também o busto de Mário, esculpido por Bruno Giorgi e instalado ali nas mediações da praça Paris, dele não se tinha notícias. Nava relata que Mário veio se asilar no Rio de Janeiro depois de ser dispensado do Departamento de Cultura da municipalidade paulistana; "o prefeito que o afastou desse cargo foi um de seus assassinos (...). A angina de peito de Mário Raul de Moraes Andrade começou na ponta da pena punhal que assinou o ato de seu afastamento do Departamento de Cultura" – detalha o memorialista.

Enfim, o desafio da procura da placa (e também do busto) se instalara em mim de forma obsessiva. Soube de uma cópia doada depois por Guilherme Figueiredo à Unirio, onde se tornou reitor, e que hoje está lá, num pedestal, na praça Mário de Andrade, afagada todos os sábados ao meio-dia pelos sons do Bandão da Escola Portátil de Música/Casa do Choro. Outra cópia do busto, me informa Darcy Ribeiro, estava em seu gabinete. Mas, e a placa?

Fui até o prédio da rua Santo Amaro onde Mário habitara, na calçada quase fronteira ao ex-High Life (então, um clube que abrigava o tríduo carnavalesco, hoje sede do Incra), vizinho à Taberna da Glória – onde ele se encontrava com Lúcio Rangel, Fernando Sabino, Mignone, Moacir Werneck de Castro, a mesma onde vi e ouvi Clementina de Jesus pela primeira vez e bebi com Aracy de Almeida, Ismael Silva e o pianeiro Mário Cabral. Prédio de quina com a rua do Catete, eu o divisava da janelinha de meu "já vi tudo", um conjugadinho de 20 metros quadrados no nono andar de um prédio na travessa Beco do Rio, que terminava fazendo esquina com a taberna, onde Araca com ele, Mário, se encontrou e bebeu (relembrando-o mais tarde como um "matusquela" em testemunho gravado pela TVE em meu programa *Contraluz*, de 1984).

Um síndico irascível e de maus bofes, e ainda por cima sofrendo de gota – gota que desaguava nos oceanos Índico, Pacífico e Atlântico –, veio me atender com um profundo mau humor. Não era, esclareceu, o mesmo que fizera retirar a placa. Sua aspereza logo se diluiu ao saber-me filho de "seu" Ignácio, calista igual a ele em priscas, prisquíssimas eras, meu velho pai polindo e multicolorindo unhas como as de duas Carmens ilustres: a Miranda e a Costa. Que voltasse no dia seguinte, aconselhou-me gentilíssimo, e que procurasse a subsíndica.

É claro que voltei. Não estava preparado, entretanto, para reencontrar nada menos do que a irmã da soprano Alice Ribeiro, que fora minha vizinha na rua Hermenegildo de Barros e em cuja janela me debruçava, menino, para ouvi-la ensaiando Händel acompanhada pelo maestro José Siqueira, com quem acabaria se casando. Já em abraços e lágrimas, eis que nos surge o síndico acompanhado do porteiro e da – pasmem! – bendita placa, jogada havia não sei quantos anos no porão do prédio.

Claro que contei ao Drummond a redescoberta, que, aí sim, isso eu me lembro, me chamou de maluco. Do outro lado da linha, senti seu sorrisinho itabirano coroando o feito.

Enfim, a placa foi recolocada, e trouxemos Zé Bentinho (secretário de Mário) para ser o paraninfo do ato, que, ao som de uma fanfarra, foi devidamente aproveitado e aplaudido por autoridades da época, algumas das quais, estou certo, jamais tinham ouvido falar de Mário de Andrade. Fui testemunha distante daquele ato, tomando um chope numa padaria em frente – pois a taberna, a primeira, não havia mais.

O desafio que me impus, de tentar eu mesmo decifrar o mistério do tal sumiço antes de incomodar meio mundo com a minha obsessiva procura, este eu devo ao inicial balde de água fria despejado sobre minha cabeça por Drummond – a quem, indiretamente, se deve o desfecho dessa aventura cujo relato, já longo, aqui encerro.

*

193

ARAMIS
MILLARCH

À bela cena do nosso Paulinho da Viola na oficina de carpintaria montada na garagem de sua casa (falo do belo documentário sobre sua vida, com roteiro de Zuenir Ventura e direção de Izabel Jaguaribe) faltou uma informação que repasso agora: a engenhoca, com todos os seus apetrechos, foi presente do jornalista Aramis Millarch, que era filho de marceneiro. Despachado o presente de Curitiba para o Rio, Aramis andava desoladíssimo com o silêncio de Paulinho que, ingrato!, sequer acusara o recebimento do precioso equipamento.

Um dia, muito tempo depois, chega a foto pelo correio: meu parceiro lindamente enfatiotado num macacão e avental, ele operário orgulhoso, posando diante da majestosa peça. A foto foi para lugar de honra na casa de Marilene e Aramis.

Paulinho vocês conhecem. Aramis, talvez não.

Vamos lá: gorducho, andar apressado, cardiopata, bom bebedor de uísque, amigo que a gente elege como irmão logo à primeira vista. Foi (e me dói conjugar o verbo no passado) um jornalista alucinadamente apaixonado pela música popular, que fazia de sua imensa casa na Visconde de Rio Branco uma espécie de sala de visitas de Curitiba – cidade da qual era, reconhecidamente, o melhor anfitrião.

Lá se exercia como jornalista que infernizava seus editores, especialmente o Manoel Carlos Karam: a lauda jamais vinha com as trinta linhas tradicionais, chegando por vezes a quarenta. O espaço triplo entre as linhas volta e meia virava duplo (ainda não estávamos na época do computador), e era fatal que o diagramador errasse no tamanho da matéria. Outra coisa: Aramis era bom de briga, e suas contendas foram memoráveis. Mesmo os mais poderosos políticos temiam seu estilingue. Jornalismo com ele era coisa séria.

Um dia inventou a Associação de Pesquisadores da MPB (isso terá acontecido no fim da década de 1970) e veio bater à minha casa para me convidar a integrá-la. Recebeu uma inesperada recusa, e apresentei a justificativa que mantenho até agora: pesquisa requer conhecimento, metodologia, e sou apenas um escarafunchador de fatos, um noticiador de coisas que vi acontecerem diante dos meus olhos, um mero remexedor de gavetas. A recusa, durante algum tempo, o deixou amargurado.

Não sabíamos que aquele encontro selaria uma belíssima amizade, agora reavivada com a notícia que me manda Chico Millarch, seu filho: depois de bater em todas as portas durante esses anos da ausência de Aramis, e farto de promessas jamais cumpridas, entregou os pontos. Nosso sonhado "Multiespaço Aramis Millarch", que abrigaria a fabulosa biblioteca, a discoteca com 32 mil volumes, 2.500 trilhas sonoras, além de 5 mil fitas com depoimentos históricos que honrariam qualquer Museu da Imagem e do Som, não se realizaria. Não havia mais como manter aquele acervo que, durante largo tempo, ocupou o Estúdio Vinicius de Moraes na rua 24 de Maio, onde ele fixava em placas suas ternuras: Portal Dina Sfat, Portal Elton Medeiros, Galeria Hermínio (este que vos fala).

O que seria o tal multiespaço? Durante sua agitada vida de animador cultural, portador da mesma grave lesão cardíaca que também vitimou o nosso querido Maurício Tapajós, Aramis acumulou livros e discos e fotos e fitas, renunciando a um outro tipo de riqueza que não o seduzia. Qualidade de vida, para ele, era viver cercado de amigos e de música. À beira do teclado de sua Remington, ele escreveu perto de 40 mil artigos sobre tudo que o fascinava: música, cinema (Fellini e Woody Allen, suas paixões) e artes em geral – que seu filho Chico colocou no *site* que mantém em memória do pai.

Para que se tenha noção da importância do acervo de Aramis, conto-lhes o que beira o absurdo: a maioria das gravadoras nacionais (e também multinacionais) não preservou exemplares dos discos que produziram. Hoje recorrem a colecionadores particulares, em busca dos discos que vinham fragmentadamente editando, porque em seus arquivos não restou um único fotolito, um único exemplar daquilo que foi (e continua sendo) a fonte de suas riquezas. O acervo de Aramis poderia ser o ponto de partida para esse cadastramento – que já se fez com os discos de 78 rpm e que hoje nos permite localizar intérpretes e autores de fonogramas gravados entre 1902 e 1964. Um exemplar único de uma fita que nunca tenha sido reproduzida (seja ela um vídeo ou um cassete) é exemplar irrecuperável, quando fisicamente se decompõe. O que dizer das 5 mil gravadas por Aramis?

Nunca vou me esquecer da cena insólita, e preciso esclarecer que agora estamos em Paris. Depois de um périplo por livrarias, museus e casas de discos, sob um inverno que nos gelava a alma, ei-lo sobraçando não sei quantos volumes de livros de arte e discos de toda espécie adquiridos no Museu Georges Pompidou. Desisto de acompanhá-lo nas compras, até porque o grande violonista uruguaio Oscar Cáceres plantara-se na cozinha para fazer um prato requintadíssimo para Aramis, desses que não podem vir à mesa um segundo sequer depois de sair do forno. Aramis, na sua eterna euforia, nem se deu conta da heresia cometida: um atraso de quase três horas. Suando por todos os poros e pedindo desculpas, ei-lo agora esparramado na poltrona da casa, os donos já seduzidos pelo seu papo sedutor, ele se esvaindo em desculpas de minuto a minuto diante da sua abominável impontualidade.

Era esse Aramis transbordante, operário da cultura em tempo integral, sonhador renitente, utopista por convicção, que hoje lembro como alguém deve lembrar-se de um braço amputado. Era amigo de tirar a camisa e sair na porrada por amigo – que tanto poderia ser um Paulo Leminski ou Maysa ou Elis ou um bêbado inconveniente que conhecera cinco minutos antes num bar. Porque o seu time tinha uma escalação profusa de celebridades e também desconhecidos – a quem banqueteava com a mesma esfuziante alegria.

Se Aramis conheceu tão bem Paulinho da Viola e praticamente todos os grandes nomes da MPB – que visitavam seu estúdio e lá ficavam horas se deliciando com a melhor música e o melhor uísque, servido à farta sempre sob o olhar cúmplice de Marilene –, devo esclarecer que uma das dores do grande jornalista era não ter conhecido Pixinguinha. Posso imaginá-lo bebendo à tripa forra com o santo em seu permanente escritório, o Bar Gouveia.

Sonho igual ao da tal associação de pesquisadores alimentara um dia: obrigar o então prefeito de Curitiba, Jayme Lerner, a concretizar a promessa feita, e lavrada em ata no velho restaurante Guilhobel, de fundar o primeiro conservatório de música popular brasileira, que, é claro!, teria o nome de Pixinguinha. Jayme Lerner, todos sabem, foi o arquiteto premiadíssimo que promoveu uma revolução urbanística na cidade; além do mais, era padrinho ou afilhado de casamento de Aramis e Marilene.

Lembremos o nascimento do tal conservatório: a sugestão, registre-se, partira de Joel Nascimento. Estávamos então em Curitiba para gravar um disco com Radamés Gnatalli e a Camerata Carioca – com o apoio logístico do bravo Aramis. Saímos do Guilhobel em grupo para conhecer o Solar do Barão, onde Jayme decidira alocar o projeto. Entraves burocráticos adiaram por alguns anos a concretização do sonho de acabar com essa história de o músico brasileiro ir servilmente pegar diplominha na Berklee School, quando havia toda uma escola brasileira que vinha de Pixinguinha e se esparramava em Radamés Gnatalli, a essa época envergando de quando em vez uma casaca branca de cetim para raramente aparecer na tela da TV Globo, onde seus serviços eram também raramente solicitados.

Quando, finalmente, o conservatório foi inaugurado, dele extirparam o nome de Pixinguinha – um golpe mortal no coração de Aramis, que não deixou barato sua indignação e rompeu pública e espetacularmente com seu velho amigo e compadre ou padrinho, sei lá, baixando-lhe o sarrafo quase que diariamente em sua coluna n'*O Estado do Paraná*.

Fui dissuadido (sejamos bem francos, proibido) de aceitar o convite para a inauguração. Caso comparecesse, deixou claro Aramis, partiria para o rompimento da nossa amizade. Claro, obedeci. Até porque não era besta de perder o afeto de irmão que nos unira. O projeto, felizmente, foi parar nas competentes e zelosas mãos de Roberto Gnatalli, que, por força de politiquinhas rastaqueras, acabou dispensado de suas funções quando Aramis já havia partido para o outro lado.

Sei lá, me ocorreu que deveriam baixar um decreto qualquer, onde se lavraria: "Paraná, capital Aramis Millarch".

*

Zuenir,

Já morei em Santa Teresa. Mais precisamente, no beco (ou rua) Ocidental, em frente ao morro da Coroa. Havia uma entrada pela Aarão Reis, mas isso não vem ao caso – embora houvesse uma várzea com tamarineiros, pés de abiu, carambolas, mangas carlotinha e um muro que nos desafiava (e ainda está lá). Sempre que recebia um amigo de fora, levava-o àquele bairro. O bondinho, as ladeiras íngremes, o largo do Guimarães – tudo era motivo do mais absoluto deslumbramento. Sempre terminava meu roteiro visitando o que restava daquela casa, agora em ruínas.

Há mais ou menos dez ou quinze anos abandonei esse percurso e um outro que fazia, sagradamente: ir tomar cerveja no Buraco Quente, onde havia a Birosca da Efigênia do Balbino. Cartola, Neuma, Zica, Carlos Cachaça e Menininha eram meus companheiros. Tive razões de sobra para não mais voltar: não saberia conviver com o clima de guerrilha a que tantos amigos queridos acabariam por se habituar. Sábado passado (e conto isso porque acabo de ler tua crônica e a tua recusa em escrever sobre o assunto), resolvi fazer uma visita ao bairro, levando um amigo a quem a paisagem generosa logo conquistou.

Fomos almoçar e, para meu espanto, entra um jovem pai com um menino portando um revólver, uma réplica prateada, colocada à mesa sem nenhum pudor. Senti medo. Um garoto que se retirava do restau-

204

rante estancou diante do insólito, saiu e voltou com o olhar arregalado e curioso. Não me contive e disse para o jovem pai: "por favor, essa arma está assustando as pessoas". Fiquei paralisado, ia pedir a conta e negar-me ao almoço, mas me aquietei. Dois dias antes, havia acontecido a tragédia que dela também não queria falar, e estou falando.

Ao ler tua crônica, reconheci a exata sensação que agora se constrói em mim: aquele pai, que insensatamente permitira que o filho tivesse como brinquedo um objeto que era símbolo de estímulo à violência, poderia, depois de advertido, me esperar numa esquina, não com uma réplica, mas com uma arma de verdade.

Há pouco, logo depois de tua crônica me turvar os sentidos, um amigo meu – residente em Santa Teresa – me telefonou. Vai dar uma aula de teatro, cumprindo um ritual feito anonimamente por outros artistas (leio que o maestro Leandro Braga é um dos iniciadores do movimento), numa ação comunitária que objetiva, entre outras coisas, levar um pouco de arte a algumas jovens vidas assediadas pela violência. Tomara que, num rasgo de lucidez, o tal pai a que há pouco me referi jogue fora aquela réplica e leve o menino para brincar com a palavra, os sons, as cores – porque eu confesso que tenho medo, na verdade também não queria tocar nesse assunto, mas o telefonema de meu amigo me deu a sensação de que há uma saída nesse beco, até do meu velho beco ocidental. Tua crônica me estimulou a falar do assunto, a sair desse meu beco que já vislumbrava interditado. Tocar no assunto me fez expurgar a revolta que me embargava a fala e me fazia ouvir aquele barulho do engatilhar da arma, do tiro me atravessando à traição.

Teu leitor e admirador de sempre,

Hermínio Bello de Carvalho

*

CHICO ANYSIO: A INVENÇÃO DO ATOR

Estou agora no dia 30 de maio de 1978, no camarim de Chico Anysio. Num gesto de carinho, o grande comediante havia me escalado para participar de um quadro-homenagem em seu *Chico City*. Nele, entre outros personagens, encarnava Alberto Roberto, um ator canastrão que recebia um convidado que, sempre de maneira esnobe, fingia desconhecer.

Eu disse *encarnar*? Reduzo o verbo, em suas múltiplas variações, às possibilidades que só um ator genial como Chico possuía: a de transmudar-se em tantos outros, todos dessemelhantes à sua *persona*. Encarnar no sentido de vestir a pele do outro que ele mesmo inventou, e roubar-lhe até um pouco da alma. Cada personagem criado por Chico nada mais é do que isto: um olhar atento no outro. A desvantagem de Chico foi ter nascido no Brasil, e não estou sendo nada original: repito apenas o que tantos já disseram.

O camarim é um mostruário de todos os fetiches inimagináveis que ele usará ao longo da gravação: perucas, bigodeiras, calvícies, trajes de todos os tipos pendurados nas araras, um vaivém de maquiadores e cenógrafos e diretores – e eu ali presenciando-o metamorfosear-se no personagem que encarnará (e *me* encarnará, literalmente) dali a pouco.

Aboletado diante do mesmo imenso espelho que nos reflete, sinto-me patético. Confesso a ele minha preocupação em decorar as falas do *script* enviado pela produção. Qual o quê!, me adverte: que eu ficasse à vontade, que na hora do "gravando!" a cena seria um pouco improvisada. A chegada do grande Lúcio Mauro me inibe um pouco; confessaria até que me apavora. Afinal, estou diante de um dos maiores "escadas" da arte de representar, aquele ator especialíssimo que, modestamente, serve de trampolim para que a grande estrela possa refulgir em suas acrobacias teatrais – assim como era Grande Otelo de Oscarito. Daqui a pouco, Lúcio Mauro será o Da Júlia.

A camareira ajuda Chico a colocar a indefectível rede na peruca de Alberto Roberto. Num átimo de tempo, ele vai ganhando uma nova postura, uma outra voz, encarnando o outro. Percebo a entidade que baixa em seu terreiro, ao lhe transferir todos os códigos genéticos de uma outra *persona* que dele se apossa por inteiro. Gravamos o programa, eu na rabiola daquela grande pandorga que se deixava levar por todos os ventos da improvisação.

Lembro que furtei do meu currículo aquele episódio, até que um dia flagrei o poeta Arnaldo Antunes numa falsa *Escolinha do Professor Raimundo* que uma outra emissora descaradamente plagiara. O grande poeta, o Titã mais poderoso, tentava reinventar o personagem incomparável. A conexão foi imediata: sua atuação capenga me fez regressar à Escola 3-3 Deodoro, eu declamando, claudicante, os versos do "Navio negreiro", de Castro Alves, numa das sessões do Centro Cívico Carlos Gomes que eu, vejam só, presidia aos 9 ou 10 anos de idade.

Terminado o programa, proponho ao Chico que façamos uma grande exposição de sua vida na Funarte, onde eu trabalhava. "A invenção do ator" seria o título. Com uma ou mais câmeras assestadas em seu camarim, ele comporia cada uma das muitas dezenas de personagens (mais de uma centena, computaram) que criou. Chico não me parece entusiasmado.

Fico imaginando quantas gerações de atores não dariam um pouco da sua vida para entrar num camarim de Charles Chaplin, John Gielgud, Lawrence Olivier ou qualquer outro monstro sagrado feito Marlon Brando e vê-lo transmudar-se, camaleônico, até ser o outro, já possuído pelo outro, incorporando uma entidade inversa à sua própria. Como o velho Pantaleão ranzingando com sua Terta, entre outras figuras que Chico foi lá no *Alexandre e outros heróis* e pegou emprestados de Graciliano Ramos, impregnando-os de um humor ingênuo, profundamente brasileiro.

Houve atores que viveram longas carreiras, glorificados por apenas um personagem – como Rodolfo Mayer em *As mãos de Eurídice*, de Pedro Bloch. Os múltiplos arquétipos criados por Chico, e alguns generosamente distribuídos entre seus colegas, fizeram dele um comediante único no mundo. Dentro de Chico coabitava uma multidão que mereceria um grande documentário, não apenas uma *Escolinha do Professor Raimundo*, mas a grande universidade que ele era, imenso e luminoso palco com urdimento generoso, fartas gambiarras, bambolinas, refletores e solenes cortinas de veludo, onde os aprendizes de teatro aprenderiam a invenção de um ator que se multiplicava em outros, todos absolutamente geniais.

*

NAIR DE TEFÉ
(OU RIAN, COMO QUEIRAM)

Lembro que era um balcão pequeno e atrás dele ficava meu irmão Eraldo atendendo à clientela. Travessa do Ouvidor, joalheria de um armênio chamado Arséne Arsenian. Não era patrão dos mais simpáticos e provavelmente não permitiria que fizéssemos na lojinha, atrás do balcão, a nossa mesa de refeição.

É que morávamos na Penha e trabalhávamos no centro da cidade, e, se minhas contas batem com o calendário, estávamos em 1951 – eu tinha 16 anos de idade e era *office boy* num escritório da avenida Rio Branco, nº 128. Nosso pai, o velho Ignácio, vinha diretamente de casa trazendo nossas marmitas. Lembro que nem sempre vinham quentinhas, quando os ônibus atrasavam. Marmitas? Acho que me engano: eram pratos envoltos em pano, mas isso pouco importa. Eu pegava a comida trazida por papai e atravessava correndo a Rio Branco em direção à travessa do Ouvidor, depois de me certificar com Eraldo que seu Arséne já saíra para almoçar. Eram almoços relativamente longos os dele, mas a cautela recomendava que, atrás do balcão, não abusássemos da sorte.

Tudo isso lembro agora, quando termino de ler uma reportagem sobre dona Nair de Tefé, no jornal comemorativo dos 100 anos da Associação Brasileira de Imprensa. Aquela linda foto dela, já velhinha, é um retrato meio distante de quando a conheci, ela mancando, apoiada em bengala, indo visitar seu Arséne, com quem negociava os restos de sua suposta fortuna. "Perdi tudo", relembra em suas memórias, "vendendo e empenhando para sobreviver esses longos anos de solidão". Uma reprodução em bronze do monumento de Frederico, o Grande, enviado pelo *kaiser* da Alemanha por ocasião de suas núpcias com o marechal Hermes da Fonseca, ela doou ao Museu Histórico Nacional. Sei lá por quê, me lembrei da grande Linda Baptista, ao telefone, confessando: "Estou na merda".

Também na merda? Nair, afinal, era filha do barão de Tefé, viúva do marechal Hermes, sobrinho do Deodoro proclamador da República, ex-primeira-dama do país. Nascida em 1886, teria então 65 anos naquele 1951. A bengala denunciava a sequela de um acidente que a vitimara quando praticava hipismo, já casada com o marechal. Era também (e sobretudo!) Rian, anagrama de Nair, caricaturista irreverente.

Pausa para uma explicação: meu querido amigo e mestre Sérgio Cabral me recomendava anotar essas lembranças que, feito pandorga, esvoaçam, de quando em vez, nos céus das minhas recordações – e que imagem horrorosa essa, *vote!* Meus céus são nubladíssimos, com portas fechadas por sentimentos de culpa e remorsos infernais. Passo a tranca, e pronto: não quero lembrar certas histórias. Instinto de defesa. Mas a matéria do jornal da ABI me fez lembrar de um livro de dona Nair de Tefé, autografado para mim, que deveria estar na estante reservada à política. Vasculho de ponta a ponta, e nada. Então me deparo com um livro muito louco, *A revolução permanente*, com a seguinte dedicatória: "Ao Hermínio Bello de Carvalho, cordialmente. A. Falcão. Rio, 27.11.75". Reencontrando aquele esquecido exemplar em 27 de abril de 1993, fiz a seguinte anotação em vermelho: "Não interpretem mal essa dedicatória", explicando que ela foi obtida numa audiência solicitada pelo companheiro Sérgio Ricardo com o então ministro da Justiça Armando Falcão, celebrizado por um "nada tenho a declarar" e que atuava com mão de ferro – sobretudo na área da censura e da repressão a atos políticos. Éramos, ali, o grande Sérgio e eu, representantes da Sombrás – uma entidade que nascera para moralizar a questão do direito autoral. Explicamos que ela "não era um antro de comunistas e subversivos" (pelo menos, subversivos éramos!) como propalava o Estado policial instaurado com o golpe de 1964. Conto isso num de meus livros: precedendo a chegada do ministro, um bando de meganhas de terno e gravata, com *walkie--talkies* anunciando a chegada do todo-poderoso. Tudo saiu bem. Sérgio evocou uma figura familiar aos dois (um médico), e o ministro deu uma aula de civismo – inclusive falando de gonorreia, que entrou na conversa sei lá como e por quê (sim, lembro: era um pai zeloso, que conversava até sobre doenças venéreas com os filhos).

E o tal livro escrito por dona Nair de Tefé, autografado para mim? Encontrei-o, sim, numa outra estante. Trata-se de *A verdade sobre a revolução de 22,* editado em 1974 pela Gráfica Portinha Cavalcanti Ltda. E o mistério se desvenda na dedicatória de dezembro de 1974: "Ao J. F. (Jota Efegê), grande historiador, com um abraço da admiradora Nair Tefé". Enfim, o tal autógrafo personalizado para este desmemoriado memorialista nunca existiu! Era fruto da minha exacerbada fantasia. Esse livro estava levitando nos tais céus de minha imaginação, péssima imagem que reevoco – já com menos sentimento de culpa.

Está esclarecida a história? Em parte, sim.

O relato poderia terminar por aqui, caso eu não tivesse estabelecido, ainda por volta de 1956, uma tumultuada (mas profícua) relação de amizade com o Prof. Mozart Araújo. Discípulo de Mário de Andrade, pesquisador dos melhores, dono de um arquivo fantástico que hoje repousa no Centro Cultural do Banco do Brasil, Mozart tocava bem o violão, havia gravado com Stefânia de Macedo e tinha um arquivo sobre Nazareth – arquivo que seria, anos depois, organizado por uma menina chamada Luciana Rabello (sim, esta mesmo, irmã de Rafael 7 Cordas, esposa do grande letrista Paulinho César Pinheiro e, depois, uma das diretoras da Escola Portátil de Música). À época diretor da Rádio MEC, Mozart me contratou para, com Jodacil Damaceno, produzir programas sobre literatura do violão – cujo conteúdo, esclareça-se, era todo de Jodacil, fui um mero redator.

Dona Nair de Tefé volta e meia era evocada pela imprensa. Vivia em Pendotiba, Niterói, na companhia de afilhados ou filhos adotivos, galinhas e cães passeando pela casa malconservada, e lutava por uma aposentadoria melhor, num processo que, se bem recordo, ela apresentou na Justiça (reivindicação em que foi acompanhada pela viúva do general Costa e Silva, a inesquecível e esfuziante dona Yolanda).

"Vou trazê-la ao meu programa", foi esse, mais ou menos, o texto da comunicação ao Mozart. "É importante que ela toque o violão, um acorde que seja" – Mozart já me apontava os rumos sobre registro e documentação. Grande Mozart! – que um dia emprestou seu violão a João Gilberto e implorou semanas a fio que o devolvesse. O violão finalmente voltou às mãos do dono, através de um taxista desconhecido, contratado no meio do trânsito por João. Mozart ficou uma fera.

Enfim, presumo que o tal programa com dona Nair ainda exista nos arquivos da Rádio MEC. Ela feriu as cordas do violão, usava luvas, contou histórias, é tudo que me lembro. (Lembro agora que, terminada a série, redigi programas para a Orquestra de Sopros de Radamés Gnattali e Lírio Panicalli, naquela emissora, e, depois, o programa *Reminiscências do Rio de Janeiro*. Nele entrevistei o mais antigo garçom da Confeitaria Colombo e prestei homenagem aos 80 anos de Manuel Bandeira, com um samba feito de parceria com Maurício Tapajós e... Cartola.)

Mas ela deve ter contado histórias saborosas: de como levou Catulo da Paixão Cearense ao Palácio do Catete, numa noite de maio de 1914, para declamar seus poemas e cantar modinhas ao violão. Em suas memórias, dona Nair relata que, "naquele tempo, a música popular brasileira (o xote, o maxixe, as modinhas) ainda não havia explodido na sua manifestação folclórica" e "predominavam as valsas, polcas, canções e trechos de óperas e operetas, cantadas em alemão, italiano, francês e outros idiomas". Foi nessa época que o "Corta-jaca" de Chiquinha Gonzaga ecoou nos salões palacianos. Embora sem conhecer a maestrina pessoalmente, dona Nair pediu a interferência de Catulo para encomendar a obra, que foi executada num dos saraus organizados pela então primeira-dama, infelizmente sem a presença de Chiquinha, que "não compareceu porque estava adoentada", lembra em seu livro. Mas o fato resultou também num grandessíssimo escândalo provocado por Rui Barbosa, inimigo político do marechal Hermes, que fez constar dos anais do Senado, na sessão de 11 de novembro de 1914, toda a sua indignação: "Mas o corta-jaca, que vem a ser ele, Senhor Presidente? A mais baixa, a mais chula, a mais grosseira de todas as danças selvagens, a irmã gêmea do batuque, do cateretê e do samba. Mas nas recepções presidenciais o corta-jaca é executado com todas as honras de Wagner, e não se quer que a consciência desse país se revolte, que as nossas faces se enrubesçam e que a mocidade se ria!".

Já fazia alguns anos que a joalheria de "seu" Arséne havia sumido do mapa da travessa de Ouvidor e fora transformada num território sagrado que atendia pelo nome de Bar Gouveia. Não saberia precisar a data em que pisei pela primeira vez naquele recinto que havia se transformado numa espécie de escritório-santuário de Pixinguinha. Mas é certo que terá sido depois do meu primeiro encontro físico com o "Santo", por volta de 1956, na casa de Jacob do Bandolim.

Tudo ali, naquelas mesas do Gouveia, rescendia à velha joalheria, ao meu irmão Eraldo, aos almoços trazidos por "seu" Ignácio e a dona Nair de Tefé, a quem vejo, neste momento, negociando a venda de um tílburi ou coisa parecida com "seu" Arséne, que lhe comprava o que sobrara das joias que a adornaram nos áureos tempos.

∗

O PRETO-VELHO DA ESMERALDA

    Helton Altman resolvera fechar de vez as portas do Vou Vivendo, segundo bar-doce-lar dedicado a Pixinguinha. O primeiro fora o Gargalhada (título de uma polca do mestre), e ambos tinham um pouco a cara de alguns bons botecos do Rio de Janeiro.

    E, quanta honra para este pobre marquês! Fui escolhido para ser padrinho da casa, que foi primeiramente instalada na Pedroso de Moraes, em Pinheiros, e depois conheceria novo endereço na Vila Olímpia, na rua Fiandeiras, onde se dará o desfecho deste relato.

    Esqueci de dizer que Helton, não obstante sua origem mineira, pertence a uma nobre falange judaico-paulistana de reconhecida competência na área etílico-gastronômica-musical, os Altman. Minha afinidade com essa linda família deve-se, também, à minha possível ascendência judaica. Reza uma tese com origem científica ainda não comprovada, que terá existido uma falange de judeus que ocultavam sua origem, por óbvios motivos de perseguição religiosa, adotando nomes de árvores como sobrenomes. Carvalhos, Moreiras e afins seriam sobrenomes codinomificados – e submeto aos doutos a proposta de desvendar a origem dessa etnia. Chegaríamos ao gênero das rutáceas conhecido como almêidea, do qual derivará a corruptela Almeida, sobrenome de Aracy, "arquiduquesa do Encantado", cujas raízes judaicas cultivou em seus belos jardins babilônicos.

    Lá no primeiro endereço do Vou Vivendo, ouviríamos soar pela primeira vez o violão de Guinga, tendo na plateia, trazida do Rio especialmente para a ocasião, "a Divina": Elizeth Cardoso. E também o sax de Proveta e sua ainda desconhecida Banda Mantiqueira, que, não cabendo toda ela no palco, tocava com metade dos músicos no mesmo nível da plateia que a ela, esfuziante, se misturava. Vale lembrar a noite em que quatro baixistas disputavam para dar uma canja na banda, que só muito depois zarparia para a fama. Era possível também bebericar um uisquinho ao som do violão do grande Nanai e, de lambuja, ser mimoseado por inesquecíveis canjas de Nana Caymmi, por exemplo. O Obá de Xangô, patriarca da família, consagrado de Oxalá no Afoxé de Opô Afonjá, o Obá Onikoyi Dorival Caymmi, este o levei para conhecer e abençoar a casa, cujas paredes foram grafitadas pelo bruxo Hermeto, que nelas perpetuou um lindo choro. Quem ameaçou aparecer certa vez foi Isaurinha Garcia, que justificou a ausência dizendo que pretendia cometer suicídio justo naquela noite, ato insano que felizmente não praticou.

Elifas Andreato, artista gráfico responsável por algumas das mais lindas capas de discos brasileiros, inspirou-se na antológica foto que Walter Firmo fizera de Pixinga numa cadeira de balanço, com o saxofone ao colo, e dela fez uma réplica do "Santo" em resina branca. Colocou-a repousando numa meia-lua de neon – que se destacava, soberba e flutuante, na fachada do bar.

Um outro Pixinguinha, dourado, Elifas o colocara sentado à mesa no térreo do bar, onde volta e meia confraternizava com um frequentador mergulhado em hectolitros de chope ou malte escocês. Quando o primeiro Vou Vivendo, o de Pinheiros, teve seu fechamento decretado, a escultura foi retirada do seu altar e carregada em procissão pelas ruas do bairro.

A despedida melancólica no fechamento definitivo da segunda versão da casa ganhou, sob eflúvios alcoólicos de altíssimo teor, uma inesperada celebração: todas as toalhas das mesas (um mar de estrelas brancas sobre um fundo azul) viraram turbantes com que adornei a cabeça dos celebrantes. Durante algum tempo, para nossa tristeza, passávamos pela Vila Olímpia para saudar o flutuante Pixinguinha, melancolicamente adormecido em sua meia-lua, já sem a luz neon que o realçava.

A esse último endereço fazemos uma viagem no tempo para encontrar Esmeralda, ela saindo da faculdade, sediada nas imediações da rua Fiandeiras, último abrigo da etérea escultura que se escafederia para lugar desconhecido, sem que nos déssemos imediata conta. Quatro anos já haviam se passado do chororô que marcara o fechamento do bar, e eis que a figura de um preto-velho jogado numa caçamba de entulho atravessa o destino de uma ex-menina de rua com nome similar à de uma jaspe esverdeada, esmeraldina, Esmeralda.

Vamos à cena: ei-la, a ex-menina agora voltada para trabalhos sociais, regressando exausta para casa, depois de ralar um dia inteiro no batente. Pega o último ônibus da noite e, no meio do percurso, vê uma presumível escultura, e dá-se a tal paixão à primeira vista, dessas inexplicáveis. Com a ajuda do motorista do ônibus, retira do lixão a figura amarfanhada e a instala num canto da sala de sua casinha. E lá ficou para ganhar a estranheza dos visitantes, que logo alcunharam a figura negra, enfatiotada em branco, de "o preto-velho da Esmeralda".

Visitada por Carol Costa, editora da revista *Educação*, a menina Esmeralda exibe o achado, que a essa altura era metade preto-velho e metade qualquer coisa que a ninguém oferecia desvendamento. Carol intuíra já tê-lo visto em algum lugar que agora não referenciava onde, e não tem como rejeitar o presente que Esmeralda lhe faz. Presente de grego, pensarão alguns. Qual o quê!

O preto-velho da Esmeralda está com as faces visivelmente contraídas, em função talvez dos sete anos de exílio forçado a que foi submetido. É hora então de alegrá-lo, oficiando sua ressurreição, erguendo cálices de vinho à figura totêmica que me emprestou a melodia de um de seus choros mais bonitos para celebrar, com saudade, o velho boteco cujas portas nunca se fecharam para meu coração.

> Meu coração foi de bar em bar,
> se perdeu, nunca mais se achou,
> foi vivendo assim
> sem ter ninguém pra dizer um boa-noite
> e a penúltima nem tomou,
> nem deu conta quando um garçom
> o cobriu com uma noite de estrelas pra ele dormir.
> E pelos bares por onde andei
> quantos copos eu já quebrei
> ao brindar muita paz
> e a Deus rogar aos amigos saúde.
> Quantos se foram sem dar adeus
> se grudando nos versos meus
> como cacos de vida espalhados no meu coração.
> Sonhou que era um chorinho
> tocado carinhosinho,
> pediu então um chopinho
> bem caprichado na pressão
> e veio bem geladinho,

espuma no colarinho,
ai, seu garçom, vai com jeitinho,
pede outro chorinho sem sair do tom.
Meu coração vai vivendo assim,
mendigando de bar em bar
uma esmola qualquer
de uma palavra, de um gesto ou carinho.
Velhos amigos quero rever
vendo a noite se transformar
numa rede que vai entre nuvens me adormecer.
Em cada bar que passei eu lavrei a inscrição,
trouxe aqui esse meu coração
para nele sua mágoa afogar,
bar, doce lar que aos boêmios a vida abrigou
lua cheia ou minguante, ou num quarto de lua,
há um lugar pra essa dor.
Mas feito um bar o amor é fiel ao amor
ao seu modo ele quer procurar
outros braços pra neles dormir,
sabe que a vida um tapete de estrelas já vai
estender pelo ar e esse novo endereço é aí, por aí.
Em cada bar fiz um novo amor
e os larguei quando Deus mandou.
Vou vivendo assim
sem ter ninguém pra dizer um boa-noite,
novo endereço ele vai traçar
e eu virei para te avisar
quando a noite uma toalha de estrelas me der pra cobrir.

*

ABI, ABV E AS "BRABU-LETAS" DE JOTA EFEGÊ

    Mestre Rubem Braga escreveu uma sequência de crônicas memoráveis sobre uma borboleta que flanava ali pelas imediações da Biblioteca Nacional, ziguezagueando sem destino, para, de repente, alçar um voo, desaparecer do alcance de sua vista e reaparecer ali na Araújo Porto Alegre, acho que entrando no edifício da Associação Brasileira de Imprensa.

    Borboletas me fazem lembrar imediatamente das gravatas de Jota Efegê, que ele as tinha aos montões, policrômicas, e todas à *faire*, ou seja, havia que saber a arte de enlaçá-las ao colarinho, sem aquelas engenhocas adesivas que inventaram depois. Albino Pinheiro também ficava lindo com aquelas gravatinhas.

    Acho que foi uma borboletinha igual à do Rubem Braga que passou pela minha lembrança, quando essas recordações me foram solicitadas por um velho colega da Escola 3-3 Deodoro, que reencontro agora na presidência da centenária ABI. E não há como dissociar Efegê, adornado com uma linda gravata "brabuleta", daquela imagem flagrada pelo grande Braga.

    "Como foi que tudo começou?". Essa pergunta é tão embaraçosa quanto aquela outra, recorrente nas entrevistas para os meios de comunicação: "E como é que vai a nossa música brasileira, hein?". Esse "hein?" é dito com ênfase, quase que colocando sobre nossas costas a responsabilidade pelos destinos culturais do país. Se ainda me encalacro com a primeira pergunta, a segunda já tiro de letra, explicando que a música popular vai bem, obrigado, e o que vai mal é a falta de vitrines para expor esses trabalhos – e aproveito para meter o sarrafo na maioria das rádios e televisões que fazem um sórdido processo de ocultação de nossos jovens valores.

Como tudo começou... Tudo o quê? Tentemos, agora, desfiar esse novelo e cair nas armadilhas de lembrar como a minha vidinha de agitador cultural teve seu início – ou como presumo e recordo que tenha iniciado.

Certamente, minha primeira escola informal, a etapa inauguradora que construiu os sons da minha infância e alicerçou minha paixão pela música, isso devo principalmente às velhas rádios Nacional, Mayrink Veiga e Tupi, e à música erudita que vinha, em camadas de sons, pela voz da soprano Alice Ribeiro, vizinha nossa, ensaiando Händel e Bach e Corelli acompanhada ao piano pelo maestro José Siqueira. (Talvez isso tenha influenciado minha única irmã, Gilda, a estudar canto com o Prof. Faini, pai da atriz Suzana, de mesmo sobrenome, que morava também nas vizinhanças.) Havia ainda uns saraus promovidos por um senhor chamado Burlamaqui, onde nos assanhávamos no repertório carnavalesco. Ali cantavam a futura vedete Anilza Leoni e a cantora Helena de Lima. Ali também, encarapitado numa cadeira, eu cantava o "Periquitinho verde" do grande Nássara, sem imaginar que um dia eu seria amigo do compositor (e que cartunista maravilhoso ele era! É dele a capa de um dos meus livros. Para conhecer melhor essa faceta, recomendo o livro *Nássara passado a limpo*, do Carlos Didier, editado pela José Olympio em 2010). Até que, levado por minha irmã, entrei no coral da Igreja do Sagrado Coração de Jesus.

Fiquemos, por enquanto, encarapitados junto ao órgão da igreja, o monsenhor Lapenda oficiando as missas e eu atuando no coral, cantando todos aqueles ofertórios em latim, alternando minhas funções corais com a de coroinha (antes que eu me esqueça: fazia parte ainda de um grupo infantil que atuava num teatrinho que havia no fundo da igreja). No coro havia uma voz grave e poderosa de uma senhora gorda e bigoduda que apelidamos de Popô, porque os sons graves que emitia lembravam trovões perpassando o adro da igreja, abafando nossas vozes tímidas. Uma outra voz, melodiosa, era de Dona Silvinha, que o monsenhor reservava para os solos e para as cerimônias nupciais.

Nunca imaginei que, quarenta anos depois, adentraria pela Sagrado Coração de Jesus conduzindo Zica até o altar para entregá-la aos cuidados do parceiro Cartola. Não, não havia mais a voz melodiosa de Dona Silvinha, nem Dona Popô. A música ainda era emitida pelo velho órgão da igreja, ao contrário da parafernália que hoje ocupa até lugar de honra junto ao altar: bateria, guitarras, baixo e músicas de baixa qualidade – enfim, um copião malfeito da originalíssima música *gospel* dos negros norte-americanos. É a velha contaminação virótica que já conhecemos bem: interessamo-nos por um determinado aspecto de outra cultura, às vezes até pelos seus contornos comportamentais, e aí vamos um tanto inconscientemente agregando esses valores, correndo o risco de apagarmos os vestígios da nossa própria identidade. Aliás, há alguns anos, fomos, a cantora Alcione e eu, padrinhos de casamento da neta de Cartola, que solicitou que a trilha da cerimônia fosse "As rosas não falam", de seu avô. Iniciada a execução instrumental, o padre oficiante vociferou: "Não pode, não pode! Isso é música profana!". Alcione pegou o microfone da mão do sacerdote, disse meia dúzia de desaforos e cantou a bela música a plenos pulmões, ganhando coro de todos os presentes.

Feita essa interrupção narrativa, volto a dizer que foram esses passos que, sequencialmente, pavimentaram meus caminhos na infância. Mas a sedimentação de boa parte do início da minha vida artística devo à Escola 3-3 Deodoro e ao suntuoso e inigualável auditório da ABI. Vamos juntar os frangalhos da memória e contar como isso se deu, regressando à década de 1940.

Entre nervoso e apreensivo, e devidamente uniformizado, lá me vejo ao lado de Maurício Azêdo (sim, nosso presidente da ABI), do baterista Wilson das Neves, de Anilza Leoni e, possivelmente, de Severino Filho, do conjunto Os Cariocas, na hora do hasteamento da bandeira. Perfilados no pátio, entoávamos o Hino Nacional Brasileiro, inaugurando as atividades do dia. Se chovesse, éramos alinhados em fila dupla nas escadarias internas, de madeira. Volta e meia um engraçadinho dava um leve empurrão no colega da frente, e a infantaria vinha tropicando escadaria abaixo. Onde ficavam o refeitório (e sua deletéria sopa de sagu), o ambulatório, o consultório do dentista? Acho que no térreo, não tenho certeza.

Nem posso afirmar que na regência da cantoria já estivesse Dona Maria Augusta Lopes da Silveira, pouco tolerante com os desafinados – severa, aquela nossa professora de canto orfeônico – mas já sabendo que dentro deles sempre bate um coração. Mas devia ser ela, sim. Não consigo dissociá-la do diapasão, aquele pequeno instrumento que emite uma nota que possibilita ao regente afinar o conjunto de vozes, tarefa ingratíssima. Obedecíamos a seus dedos ágeis que, através da manossolfa (técnica de indicar as notas musicais através de um intricado jogo de dedos, coisa que até hoje não desaprendi), nos fazia entrar no universo do canto coral e nos apresentava a música de Villa-Lobos. Não, ainda não sabíamos ler as chamadas cabeças de nota, mas ela nos estendia mapas com os "arranjos vocais" do próprio Villa. Tinha uma do trenzinho, com letra do Manuel Bandeira, que falava da avozinha – uma coisa bastante infantiloide, mas que nos obrigava a fazer saltos ornamentais onomatopaicos imitando o *chacataca-chacataca* da máquina a vapor, o apito do trem, o resfolego na parada lenta dos comboios, as vozes se cruzando, e o sentido da música se fazendo entender dentro da gente.

Lembro o dia em que fomos inspecionados pelo próprio Villa, ele com sua Mindinha a tiracolo, na companhia do compositor Lorenzo Fernandes e de um gorducho simpático e falante, de quem depois me tornei amigo: Sílvio Salema Garção Ribeiro, seu assistente no Serviço de Educação Musical e Artística. (Tenho aqui a dedicatória de um livro seu, datada de 19 de junho de 1954: "Ao inteligente jovem e amigo Hermínio Bello de Carvalho, uma lembrança do velho Sílvio Salema Garção Ribeiro".) Como falava mal de Villa-Lobos, santo Deus! E insinuava que muitos dos arranjos vocais que aprendêramos na escola eram, na verdade, de sua autoria. Baixinho, parecendo um tonel de carvalho, lembro-o como uma réplica do Gordo da dupla Stan Laurel e Oliver Hardy – o Magro, ali, era eu. Procuro referências bibliográficas sobre Salema, e elas são poucas e nada substanciosas. Mas sabia-o cantor, na rara categoria de baixo cantante, igual ao Paul Robeson. Deixou gravados 27 discos. Nunca os ouvi.

Vivíamos então um período ditatorial comandado por Getúlio Vargas, mas com uma carismática figura à frente do Ministério da Educação e Saúde, Gustavo Capanema, que tinha como chefe de gabinete o poeta Carlos Drummond de Andrade. Se estávamos em 1942, como agora imagino que vocês também estejam, é bom lembrar que Mário de Andrade já deixara esboçado o anteprojeto do

Serviço de Patrimônio Histórico e Artístico Nacional, a pedido de Rodrigo Mello Franco de Andrade, e regressara à sua desvairada Pauliceia, onde morreria em 1945.

Apesar do Estado Novo, respirávamos cultura e educação. De um lado, a batuta de Villa, de outro, a borduna da polícia de Filinto Müller, e no meio uma censura como sempre vesga e detestável. É nesse panorama que vamos encontrar o canto orfeônico implantado nas escolas públicas e, claro, o próprio Villa-Lobos, regendo imponentemente toda essa protofonia infernal. Tempos difíceis para o educador Anísio Teixeira, a quem Darcy Ribeiro chamava de "meu filósofo da educação".

A ditadura se repetiria com militarismo imposto pelo golpe de 1964, e, quando veio a lenta e gradual distensão política proposta pelo general Ernesto Geisel, já nos estertores do regime, o grande mal já estava feito: deve-se à caneta carregada de ressentimentos do coronel Jarbas Passarinho, ministro da Educação do governo Médici, a extinção do ensino da música nas escolas, sequela que carregamos nas nervuras da pele da alma até hoje. Surgiria, então, a figura de Aloísio Magalhães – um artista extraordinário que rascunhara uma nova política cultural para um país que, em 1990, sofreria outro rude golpe: a extinção do Ministério da Cultura através de ato odioso e vingativo de Fernando Collor, a quem grande parte da classe artística negara seu voto. A partir daí, a cultura viveria se movendo nas sombras, com mais fogos de artifício do que programas e projetos consequentes, mais entretenimento do que ações culturais.

Mas, voltemos à Escola Deodoro, por volta de 1946-47, quando eu me encontrava na quarta ou quinta série (fui repetente no terceiro ano e eleito, no seguinte, melhor aluno da escola, por conta talvez de meu desinibido desempenho como presidente do Centro Cívico Carlos Gomes). Na efervescência daqueles anos, frequentar os concertos sinfônicos do Municipal e do hoje extinto Cine Rex era um dos meus regalos. Ver Szenkar, Eleazar de Carvalho e Villa-Lobos regendo – que maravilha! Assistir, de graça, às aulas de alta interpretação musical ministradas por Magdalena Tagliaferro – que privilégio! Aplaudir o orfeão juvenil Les Petits Chanteurs à la Croix de Bois no Instituto Benjamin Constant – inesquecível! E as professoras? Dona Eulina, Dona Bertha (Ramos de Oliveira?), a diretora Dona Julieta dos Santos Gomes, "mulher imponente e já na maturidade, e que tinha uma irmã, Judite, professora da segunda série" (aspeio, porque quem me ocorre nessas evocações é Maurício Azêdo, melhor memorialista do que eu), além da já citada Prof. Maria Augusta e uma outra cuja lembrança me provoca lágrimas. Falo de Dona Maria Lurdes Pinto Ribeiro Moreira Dias, negra (não me lembro de nenhuma outra professora negra na escola), também advogada e, isto é importante!, uma fervorosa amante da música erudita.

É aí que aparece o auditório da ABI na minha vida. Dona Maria Lurdes estudava canto lírico e tinha, se não me engano, o registro de contralto. E, apaixonado também eu pela música erudita, entro pela primeira vez no auditório-templo da ABI, com suas paredes filetadas em madeiras raras, para assistir a um recital da minha saudosa professora primária, ela, baixotinha, adentrando no palco com um longo azul, uma enorme flor adornando o busto – tudo ali a me deslumbrar. Enfim, eu descobrira o auditório Oscar Guanabarino, por sinal um crítico feroz de Villa-Lobos, ora vejam só!

A essa altura da vida, já tendo largado a Escola Deodoro, lá vou eu assistir a um outro recital, na mesma associação, em que uma professora da Escola Técnica de Comércio de Botafogo (ETCB, que diziam ser a sigla de Estrebaria Técnica de Cavalos e Burros) se diplomava em declamação, tendo como mestra Margarida Lopes de Almeida. Depois dos "ais" e "uis" e suspiros longos numa versalhada de mediocridade infernal da professorinha, eis que surge a mestra--declamadora num espaventoso vestido verde, cravejado de pedrinhas coruscantes, uma verdadeira constelação lunar, bordado com uma enorme borboleta (sim, mais uma borboleta nesta história!) que refulgia sob os refletores – e começa um verso que dizia algo como "eu sou uma borboletinha azul que voa, voa...", sem contudo decolar do palco. Lembro do vexame, eu querendo conter o riso frouxo e saindo da sala, para depois ganhar uma reprimenda e uma nota baixíssima da diplomanda, tão logo deu-se início ao período de provas. Bem-feito!

Mas entremos na década de 1950. É então que o velho auditório da ABI vai acolher, por volta de 1956, os sonhos de um bando de malucos que resolve fundar uma ABV, ou seja, Associação Brasileira de Violão. ABI, ABV – havia uma lógica nas siglas recomendando a aproximação das duas associações.

Nunca pude apurar o autor da ideia de ocupação, mas o fato é que nos valíamos da generosidade do despachante Samuel Babo (parente de Lamartine) para realizar uns saraus, sempre regados a guaraná e salgadinhos providenciados pelo anfitrião, nos corredores do prédio onde funcionava seu escritório. Sabe-se lá por que cargas d'água fui eleito vice do saudoso presidente da associação. No início, a coisa era um tanto amadora, mas, com o tempo, fomos aperfeiçoando os mecanismos, e havia até uma escala de apresentação. Os violonistas eram Jodacil Damaceno, Nicanor Teixeira, o alfaiate Edgar de Oliveira, Neide Barbosa, Solon Ayala, o grande Othon Salleiro (psicanalista, compositor, um velocista do violão) e sempre, sempre, o citarista Avena de Castro (que músico!) e Jacob do Bandolim – ele também ex-aluno da Escola 3-3 Deodoro.

A associação foi crescendo, crescendo, e começou uma demanda por concertistas internacionais: María Luisa Anido ("Segovia de saias", assim a chamavam), Oscar Cáceres (meu amigo até o fim) e Narciso Yepes, então celebrizado pela trilha sonora do filme *Jeux interdits* (de René Clément, 1952), onde interpretava um rançoso prelúdio que era a *pièce de résistance* de quase todo violonista que já soubesse tocar, mesmo precariamente, o "Som de carrilhões". E foi então que, não tendo como programar aqueles astros internacionais no diminuto corredor do escritório de Samuel Babo, passamos a ocupar a agenda do auditório da ABI, que, além do mais, prescindia de microfonação para os instrumentos.

A precariedade financeira da ABV era tanta que, não tendo como hospedar o já célebre Narciso Yepes em hotel, alojei-o em minha casa, levando-o a provar um xinxim de galinha na Cantina do Manezinho Araújo, embolador de coco dos mais afamados, discípulo de Minona Carneiro, na linhagem do cantador Chico Antônio, descoberta de Mário de Andade.

Havia outro endereço inquestionável, espécie de sucursal da ABI, para recepcionar figuras tão ilustres e mostrar a boa música instrumental brasileira: a generosa casa de Jacob do Bandolim, em Jacarepaguá, onde nos despejávamos sedentos de música, beliscos e bebidinhas geralmente não alcoólicas. Havia um transgressor contumaz: Lúcio Rangel, que, acho eu, levava seu próprio uísque camuflado em algo que tivesse o mínimo de visibilidade – ou o máximo de invisibilidade, como queiram.

Corria o mês de outubro de 1962. Um quase menino pisava pela primeira vez, como concertista, num palco do Rio de Janeiro – e era o da ABI. Logo depois se consagraria mundialmente como um dos grandes violonistas mundiais. Seu nome: Turíbio Santos.

Acho que a ABV acabou quando morreu Samuel Babo. Mas a ocupação daquele auditório estendeu-se durante muito tempo. Lembro de Elizeth Cardoso se apresentando por lá, dos livros que Sérgio Cabral e eu lançamos em tardes de autógrafo memoráveis e de um fato muito significativo: a presença de uma nascente Escola Portátil de Música. Além da inesquecível noite em que Zezé Gonzaga cantou *a cappella*, diante de um abissal silêncio da plateia.

Falar da ABI e não citar Carlos Drummond de Andrade é um crime lesa-cultura. Drummond era íntimo das calçadas da rua Araújo Porto Alegre. Vejo-o agora passando pelo Vermelhinho, atravessando a rua e entrando no prédio – e que belas linhas a desse prédio! Assim como Jota e Drummond, também Villa-Lobos fazia parte da paisagem da sede da ABI – esse mesmo Villa que saía de seu apartamentinho na mesma Araújo Porto Alegre para jogar bilhar e sinuca nas mesas do 11º andar da associação. A data do nosso primeiro encontro oficial está lá, precisa e inquestionável: 12 de setembro de 1957, na foto autografada num apartamentinho modesto, na mesma Araújo Porto Alegre que abriga a ABI, e onde o Maestro vivia com sua mulher Arminda, Mindinha de Villa-Lobos. O maestro adorava compor ouvindo novelas, crianças fazendo algazarra – e foi assim que um dia o Tom Jobim o encontrou em casa. Adorava atravessar a rua e jogar sinuca e um bilharzinho no 11º andar da ABI. E não esqueçamos: com versos de Murilo Araújo, é o autor do hino da Associação. Almoçava quase sempre ali perto, no restaurante do Ginástico Português.

Na visita que fiz a ele, na cata de um autógrafo, foi enfático ao responder a uma questão que lhe fiz: sim, Bach não se envergonharia em assinar os estudos para violão de João Pernambuco.

Enfim, pediram-me um depoimento pessoal – e vê-se que nesse meu matulão tudo se mistura, coisas e pessoas: as paredes filetadas em madeira do auditório da ABI, a escadaria da Escola 3-3 Deodoro, o diapasão de Dona Maria Augusta, a gravatinha "brabuleta" de Efegê, essa mandrágora ebanácea chamada Maria Lurdes Pinto Ribeiro Moreira Dias – e a "brabuletazinha" avoando serelepe pela Araújo Porto Alegre, sob o olhar encantado de Rubem Braga.

Antes de fechar o portão desta memorialística desengonçada, quero desabafar apaixonadamente o seguinte: se tivesse um poder qualquer nesta nossa república, apresentava leis que tornassem obrigatórios os ensinos de música e ecologia nas escolas, para garantir que a cultura ganhasse larga circulação entre os jovens, formando novas plateias que não fossem apenas espectadoras, mas participantes de uma grande discussão sobre a cultura brasileira.

Voltamos, Maurício Azêdo e eu, à Escola 3-3 Deodoro há pouco tempo. Centenário do colégio, coincidindo com os 100 anos da ABI. Os dois setentões procuraram outros colegas daquele tempo. Em vão. E os velhos mestres? Melhor não perguntar. Hoje serão borboletas, avoando, ziguezagueantes, por aí.

*

ERNESTO SABATO
E A UTOPIA

Para A. Pavan e L. Ribeiro

Era preto-pretinho e me abordou ao mesmo tempo em que um outro menino também solicitara minha atenção. Não terei sido muito atento nem a um nem a outro, porque a música que se tocava naquele imenso pátio, sob as árvores, era o que polarizava minha atenção. Em certos momentos me sinto paramentado por um deus qualquer, sob o adro de um templo, quando a música me paralisa a mais fina pele da alma, que se reveste de uma película invisível a olhos terceiros, mas que me sufoca nos limites de uma quase insuportável dor.

E doeu-me o remorso, depois, de não os ter atendido com a delicadeza que eu gostaria fosse minha marca permanente nessas ocasiões em que uma simples mas inesperada abordagem me descentra e degringola o sistema que me rege com sua complexa gama de nervos, sempre à beira de um colapso. "Simpatia, quase amor", costuma classificar uma querida amiga quando, usando o capuz de um incontrolável desconforto, costumo disfarçar minha timidez de forma quase sempre desengonçada e inevitavelmente perceptível. A esse desconforto soma-se minha conhecida falta de memória, e, à soma dos dois fatores, sobrevêm consequências invariavelmente desastrosas.

O eterno medo da pedante arrogância que os vaidosos carregam, mas vestindo os frangalhos de uma falsa e exuberante modéstia.

Durante meses amarguei a aparente desatenção, procurando a cara preta-pretinha, tentando identificá-las entre tantas outras que aqui e ali me saudavam com a efusão de sempre, e respondidas com o usual desconforto diante do desmerecimento de tais mesuras.

Antes da cara preta-pretinha, havia surgido a do palhacinho. Branco-branquela, dentes desalinhados, fazendo par de palhaço em atividades circenses com o pai. Precisaria gastar laudas para explicar esse lado Piolin que me fascina: a bocarra pintada de vermelho, a calça folgada, os suspensórios elásticos, os sapatos bicudos e a peruca descabelada. Piolin era um palhaço que ao Mário de Andrade encantara e de quem se tornara amigo. Ganhava assim a vida, de palhaço-parelha, o branco-branquela. E, igual ao preto-pretinho, amava também a música.

Também me abordara, meses antes, numa esquina. Menos apalermado do que de costume nessas horas de abordagem, pude dar-lhe atenção às histórias que saíam, confessionais, num jorro quase incontrolável, e lhe contei também uma história: que um dia fora à cidade comprar aqueles badulaques que, depois, costumam atravancar a casa pela aparente inutilidade que aparentam – no caso, era uma loja de tecidos, e eu queria algo de seda em prata e dourado, sem atinar ainda com que finalidade. De repente, me vi conversando com um senhor fascinante, e nada que eu contasse aqui e agora soaria com fidelidade: falávamos do dia a dia, dos filhos que ele tinha e eu não, da carestia, dos impostos. De repente, não mais que de repente, como no imprevisto fornecido pelo célebre soneto, percebi a bocarra vermelha, o terno folgado em xadrez espalhafatoso, o sapato imenso do meu interlocutor. E me senti eu também um palhaço das mais perdidas e disparatadas ilusões, a pisar o tal chão de estrelas que o poeta bordou para que nelas pisássemos, ambos sob o toldo de um grande circo como aqueles da minha infância.

Muitos meses depois sou novamente abordado por um preto-pretinho, aquele, e lhe dou conta do aturdimento em que me encontrava e do posterior e odioso sentimento de culpa que me assomara por não lhe ter dado a atenção merecida – e merecida como? Porque eu lembrava de Mãe Clementina "Quelé" de Jesus, sendo abordada nas ruas e tratando a todos como velhos conhecidos, oferecendo-lhes o endereço para que aparecessem para um cafezinho. Meu formato era outro, desculpei-me com o garoto, que, no bate-papo agora cheio de leveza, me conta que também compunha e que seu parceiro era um colega que, agora, dava plantão numa das áreas da escola. Mas não exatamente *agora*: porque, coincidentemente, lá chega ele, o palhacinho, todo pimpão, e nos abraça e me põe entre as mãos um presente carinhoso, que retribui os livros que lhe dei: um nariz postiço de palhaço, o palhaço que existe, desengonçado, dentro de mim. Abraço comovido os dois garotos, e imagino minha amiga o quanto feliz estaria ali flagrando aquele momento, em que dois meninos sonhadores conseguem estabelecer um elo tão harmonioso com alguém que permanentemente está do outro lado de uma ponte que raramente consegue atravessar, tão movediço é o chão onde fincaram suas pilastras.

Todo esse pensamento me vem agora, quando termino de ler o *Antes do fim*, de Ernesto Sabato, mais um livro raro emprestado por um querido amigo com quem costumo trocar essas delicadezas: um livro, um poema, a palavra certa nos momentos mais incertos.

O escritor faz-me o translado das tantas vidas que vivi. Lembra as palavras do poeta Senghor sobre o significado da morte dos velhos analfabetos que viviam em comunidades arcaicas, sábios portadores de uma ancestralidade renegada pela era cientificista, cujo desaparecimento, ao morrerem, equivalia à queima de uma biblioteca de pensadores e poetas. Pensamento parecido registrei um dia: que a morte de uma Clementina equivalia ao incêndio de centenas de baobás, de uma parte da nossa floresta Amazônica.

Sabato fala também de Discépolo, que definiu o tango como "um pensamento triste que se dança". Fala de Anibal Troillo, faz-lhe uma elegia, e exalta uma voz preciosa que me embalou a juventude, a de Eduardo Falú, e lembra a província de Salta – de onde vieram as vozes dos Chalchaleros, numa canção ("Lloraré / lloraré toda la vida") que me apunhalava a alma, eu menino de 17 anos, enjaulado num quarto de madeira coberto de zinco, e que tinha como único bem uma vitrola portátil e alguns poucos discos. Passa-me diante da vida seus amados Nietzsche e Corelli, e o anarquismo professado por Whitman, Wilde, T. S. Eliot, Camus – aos quais adicionaria o anarquismo construtivista do meu querido Radamés Gnatalli. Denuncia as mazelas do sistema econômico que nos asfixia e fala da angústia de Rimbaud e Van Gogh. Nesse livro impregnado de ceticismo e amargura, faz um balanço da sua vida e revela sua preocupação com os jovens, sobretudo com o tormento daqueles que escrevem para ele, alguns pensando até em suicídio – matéria que também o atrai. Ainda assim, aconselha o risco, a fuga para os espaços abertos, o enfrentamento do medo coletivo que gera o pânico em que vivemos, e alerta que "só quem for capaz de encarar a utopia estará qualificado para o combate decisivo, o de recuperar o quanto de humanidade houvermos perdido".

Ao desarmamento físico que se propõe agora, o de se jogarem ao lixo possíveis armas estocadas em casa, eu me rogaria as bençãos de me desarmar dessa couraça de ferro que me estanca o abraço e o beijo, que me trava a língua quando ela pode se tornar operosa no campo das ideias, e me imobiliza os dedos quando penso em quantos pretos-pretinhos e quantos jovens palhaços, mesmo ignorando o que seja utopia, me jogam constantemente num picadeiro.

Pois tudo que eu gostaria de ter agora já obtive, quase como um troféu: o nariz postiço para lembrar o eterno Piolin que desejo ser, mas trafegando sob uma lua cheia, eu-carlitos com meu fraque surrado e minha bengala torta, o chapéu preto e o bigodinho desavergonhadamente espesso e aquele andar irresistivelmente desengonçado, a vasculhar poesia nas latas de lixo, misturando-me aos gatos e cachorros abandonados da minha rua porejada de estrelas de neon.

***

Quando estiverem muito cansados de trabalhar, escrevam palavras ao vento ou inventem uma canção no assobio, ou fechem os olhos e abram a camisa, pés descalços e braços nus que nem naquele poema. Existem amoreiras e sanhaços, existem sonhos aparentemente inalcançáveis, ocultados sob nuvens, ao alcance de nossas mãos. Sejam sérios quando o momento assim o exigir, mas nunca hipócritas ou dúbios. Sejam sempre felizes, ainda que isso queira que fiquem fora de moda. Pintem a cara branca com tinta preta-pretinha, coloquem um nariz de palhaço e sonhem, se esbanjem em sonhamentos.

*

MÃE
QUELÉ

Ontem lembrei dela e do tempo que passou hospedada aqui em casa, por conta de uma gripe mal curada que resultou em pneumonia. Hospedar uma rainha não é fácil, mas servi-la dos quitutes de que mais gosta foi um prazer - sobretudo seus morangos e achocolatados servidos em bandeja de prata, remedinho nas horas certas, os longos papos interrompidos apenas pela soneira que vinha acossá-la assim como se fosse um beija-flor bicando a pele sedosa e sugando-lhe o pólen, os traços fisionômicos em muito parecidos com os de Pixinguinha.

Foi a primeira sensação quando a vi pela primeira vez, na Taberna da Glória, nas festas da Padroeira, isso em agosto de 1962: a de que se parecia por demais com meu santo de devoção. As narinas dilatadas eram o que mais os aproximava nessa parecença, semelhança que a ela também já ocorrera. Comparando hoje algumas fotos dos dois, não vejo como despropositado tê-la chamado de Pixinguinha de Rendas, ideia logo propagada pela imprensa. Dei-lhe o rótulo de "partideira" – designativo que Ismael Silva, com sua indiscutível autoridade, afirmara jamais ter ouvido em sua vida, logo ele!, um dos que bateram as estacas iniciais da primeira escola de samba ("Primeira!", afirmava ele inspirado nas proximidades com a escola normal), a "Deixa Falar". Na minha santa ignorância, havia uma lógica nessa codificação: cantou samba é sambista, "tirou" um partido-alto, é partideiro[5].

Falava da Pixinguinha de Rendas, mas não a descrevi como devia: altura mediana no dia a dia, enorme no palco. Sempre de saltos altíssimos, e sobre eles o que dançava e sapateava não se pode aqui descrever. Sapateava, sambava lindamente - fazia uma súbita *fermata* corporal e saltava, a sensação era a de que levitava por alguns segundos no ar, um *stop motion* na linguagem cinematográfica. Contam as lendas que Nijinski fazia o mesmo: um salto, uma longa parada no espaço, e ei-lo de volta ao piso do palco no tempo certo. E quando lhe perguntavam como fazia aquilo, explicava: "Simples: salte, respire e pare um pouco no ar". Simples, não? Como fazer um voo livre sem asa delta.

Quelé, Rainha Ginga, quase sempre de rendas, "rendas *guipire*, francesas", como orgulhosamente esclarecia diante das pessoas maravilhadas com sua elegância. De seus vestidos, dois os lembro e me parece tê-los à vista agora: um branco rebordado em discretas pedrarias, com que a fiz estrear no Teatro Jovem, em dezembro de 1964, ao lado de um jovem chamado Turíbio Santos. E outro traje em rendas amarelas, de um efeito exuberante, contrastando com a pele ebânea. As mãos eram longas - bonitas! Os dentes foram ganhando

---

[5] *'Partideiro', falemos sobre esse neologismo. Embora seja de uso corrente entre a turma do samba e, certamente, também de conhecimento geral pela sua franca divulgação na imprensa, o termo 'partideiro' não foi registrado nos dicionários. Nem mesmo o mais recente, de Aurélio Buarque de Holanda, que catalogou vocábulos recém-criados e neologismos de conhecimento restrito a certas áreas, o inclui entre seus muito e bem documentados verbetes [...]. Vocábulo prontamente aceito e com ampla circulação [...], ele deve ser registrado nos modernos dicionários. E no seu verbete, para exata elucidação, deve ser consignada, certa e com justiça, sua paternidade ao poeta Hermínio Bello de Carvalho, apontando-se, ao mesmo tempo, a sambista Clementina de Jesus como a primeira que com ele foi qualificada" (Jota Efegê, O Globo, 26 maio 1975). Se Jota Efegê falou, está falado.*

nova anatomia, e seus poucos cabelos, ela os arrematava com um velho chinó[6], cingido como uma espécie de coroa que lhe ressaltava a realeza de Rainha Ginga, e por vezes me parecia um resplendor – talvez o de Nossa Senhora da Glória, de quem era devota. Depois começaram a cobri-la e a adorná-la e, com o tempo, para meu desespero, deu de usar perucas. Modismo ou praticidade? Nenhum dos dois argumentos me servia, e minha brincadeira passou a ser esconder as perucas antes dos espetáculos em que a ia assistir já no teatro Opinião, palco posterior e mais constante depois das glórias colhidas com o musical *Rosa de ouro*. Que segundas-feiras inesquecíveis aquelas, ela e Xangô improvisando num partido-alto, o cafezinho e as "caninhas" no bar lá embaixo, às vezes na Adega Pérola. Uma vez perguntei se estava sendo bem tratada pela turma do Teatro (Jorge Coutinho, Teresa Aragão). Estava sim, "meu filho". Inclusive, gostava muito do incenso que rolava num determinado camarim vizinho e a fazia adormecer com seu efeito terapêutico – e eu jamais revelei que o tal incenso era a erva forte que o Wilson Batista, num samba, revelou proceder dos cigarrinhos tragados pelo Chico Brito. Quelé, sem dar-se conta, puxava um baseado por osmose.

No trato, sempre doce. Lembro de uma ida à feira numa cidade do interior, quando foi abordada por uma desconhecida: "Conheço a senhora da televisão!". E ela, abraçando a outra efusivamente: "Eu idem". Já era uma celebridade, mas não se dava conta disso. Certa vez, num show-benefício patrocinado pela Sombrás, pediu um cafezinho. O poeta Aldir Blanc foi à luta e nada encontrou nas imediações do teatro. Voltou horas depois com um copo de café que, obviamente, esfriara no caminho. E ela, saboreando o negrume gelado: "Está ótimo! Gosto mesmo assim, quentinho". Flor de delicadeza, educação.

[6] *Cabeleira postiça para o alto da cabeça [N.E.]*

Para espanto das camareiras francesas, era seu hábito arrumar a própria cama ao sair da luxuosa suíte onde a hospedaram em Cannes. Imagine se a pensassem uma desleixada!, explicava sem entender que aquele era o ofício das moças. Saía sempre de mãos dadas com Albino Pé Grande. E no caminho respondia às efusivas exclamações de uma vizinha de quarto ("Mamma, Mamma!"), que só depois lhe disseram ser a Sofia Loren. E aí passava por Vinicius, que lhe pedia a benção. E ia caminhar pela praia, já familiar aos seus pés descalços e ao andar manquitola de Pé Grande.

O oposto daquela suíte francesa era sua casa-quase-barraco na Rua Acaú, 41, no Engenho de Dentro. Teto sustentado pelos braços fortes do estivador seu marido, e também pelos caraminguás resultantes de seu ofício de arrumadeira-engomadeira, numa casa onde a patroa portuguesa ordenava que parasse com aqueles "miados". Clementina não parava de cantar enquanto trabalhava, hábito que tinha desde menina, quando ensaboava roupa ao lado de sua mãe. Sua casa não podia ser mais simples: uma cozinha mínima, uma salinha pequena onde ficava um sofá e a televisão, e o quarto de dormir, também pequeno. Permanente era o cheiro que vinha das panelas: cozinhava bem, era quituteira ciente de suas prendas. Seus pastéis e empadinhas até hoje, ao meu palato, sabem como incomparáveis. Nas paredes, alguns poucos retratos – o de seu casamento com Pé Grande era o ornamento principal – , um jarro com flores de papel e, me desculpem, lá estava eu na parede, em lugar de honra.

Sim, o barraco era todo verde-e-rosa, cores da escola que adotou por força do estivador amoroso, que a fez camuflar sua condição portelense. Sim, portelense. Àquele barraco-castelo, levei Milton Nascimento para lhe ensinar o *Circo Marimbondo* e Maria

Lucia Godoy, o *Tamba-tajá*, do Waldemar Henrique. Acho que os vizinhos estranharam quando La Godoy gorjeou a *Bachiana nº 5* e uma ária de ópera que deve ter sido "Un bel di vedremo", de *Madame Butterfly,* de Puccini, com aquele agudo *finale* espetaculoso – Mãe Quelé maravilhada. Minhas idas à sua casa guardam lembranças indeléveis, como o caderno que comprei e deixei-lhe às mãos, para que anotasse as cantorias de que fosse lembrando: virara livro de receitas, apontamentos de compras na vendinha do bairro, catálogo telefônico. Música? Nenhuma.

Albino Pé Grande: "Pai", assim o chamávamos. Era um doce de pessoa, temente a Deus e a Clementina, a quem jurava amor a cada quarto-de-hora: "Qualquer dia dou uma coça de beijos nessa mulher". Coça levava, isso sim, quando transgredia o acordo: um dos dois tinha que voltar sóbrio à casa quando fossem às gandaias. Quelé narrando um retorno de ônibus da Pedra da Onça[7], aniversário de Carlos Cachaça, acontecimento que detalharei mais adiante. Ah!, que delicia ouvi-la contar sobre os beliscões que aplicava em Pé Grande, ele *zambeteando* pra cá e pra lá, de pé no ônibus, mal aguentando a sacola que era comum carregarem para as festanças. Amoroso, terno, levantava cedo para disputar vaga na estiva. Os compadres Ivo e Pedro eram seus amigos mais constantes. Gostavam de uma cerveja e ela de um cinzaninho de vez em quando. Misseira devota. A feijoada de Quelé tinha os requintes de carnes fervidas em separado, e – seu segredo! – uma colher de azeite doce ao final de tudo. E uma salada de tomate com hortelã que, ai meu Deus!, que mãos divinas para a cozinha. Que o diga Elizeth. Sim, a Divina.

*

[7] *Ponto turístico na Praia da Guanabara, na Ilha do Governador (RJ). [N.E.]*

P.S.
VISITAS

É um casal de idosos da mesma faixa etária que a minha, oitenta e poucos anos. Encontro-os rarissimamente, quando desço para comprar jornais aos domingos. Eles me cumprimentam com reverências, sabem o meu nome, me chamam de poeta, espargem felicidade e carinhos. Hoje, curioso, perguntei como poderia chamá-los: "Rosa e Guido", responderam. Moram aqui mesmo na Bartô, onde resido. Mostraram-se surpresos quando os convidei para subir ao meu apartamento. Entreolharam-se (senti um misto de curiosidade e surpresa) e ei-los aqui, felizes e encantados, pondo atenção em cada canto da casa. Sim, vieram de máscara e deixaram os sapatos do lado de fora do apartamento, enquanto eu preparava um pequeno farnel cultural para presenteá-los: disco, livros e alguns *folders* antigos e bem preciosos. Que energia boa derramaram pela casa, Santo Deus! Pedi que se sentassem, peguei meu último livro e recitei para eles um poema. Mal podiam imaginar que, ali, eu revisitava o jovem poeta, mulato de olhos verdes e cabelos cacheados, sempre malvestido, que lia poemas para seus amigos, cantava sambas ao violão e, lá pelos anos 1960, volta e meia pegava o Ismael Silva na Lapa e o levava para protagonizar as rodas de samba que aconteciam em meu minúsculo apartamento vizinho à Taberna da Glória, onde conheci Clementina de Jesus. Guido e Rosa saíram daqui de casa com os olhos acesos e faiscantes, e me deixaram novamente procurando, no espelho, aquele jovem de vinte e poucos anos que ainda teima em existir dentro de mim. Tem um verso do Aldir Blanc que é lindo: [o tempo] "No fundo é uma eterna criança / Que não soube amadurecer".

∗

TIMONEIRO HERMÍNIO BELLO DE CARVALHO

A impressão que dá é que Hermínio Bello de Carvalho pode tudo. Um dia ele sonhou ser parceiro de seus ídolos – Pixinguinha, Cartola, Nelson Cavaquinho, Ismael Silva, Chico Buarque – e conseguiu. Imaginou ouvir suas músicas interpretadas pelas grandes divas da canção brasileira – Elizeth Cardoso, Dalva de Oliveira, Maria Bethânia, Nana Caymmi, Aracy Cortes, entre tantas outras – e ouviu. Como já notou o jornalista Sérgio Cabral, até mesmo com Mário de Andrade – sua principal referência intelectual e que ele não teve tempo de conhecer – Hermínio arrumou uma maneira de estabelecer contato, ainda que fosse na forma de missivas imaginárias que dariam origem ao livro *Cartas cariocas para Mário de Andrade*.

Mesmo narrada assim, de forma recortada e sucinta, a trajetória de Hermínio já é impressionante, o que não o impede de declarar: "Minha história não é importante para ninguém. O que realmente interessa são as pessoas com as quais trabalhei e os projetos que realizamos". Hermínio é um mosaico artístico e sua atuação no cenário brasileiro foi (e é) marcada por jogar luzes em personagens fundamentais da nossa história, ajudando a revitalizar aqueles que haviam caído no esquecimento e ao mesmo tempo investindo em novos nomes.

É como ele já escreveu: "Não sou eu quem me navega, quem me navega é o mar". E o mar de Hermínio Bello de Carvalho é o Brasil – de Heitor Villa-Lobos, Manuel Bandeira, Carlos Drummond de Andrade, Di Cavalcanti, Oscar Niemeyer, Dorival Caymmi, Mané Garrincha, Jacob do Bandolim, Jota Efegê, Albino Pinheiro, Tom Jobim, entre tantos outros com os quais conviveu e/ou trabalhou.

Moldando seus ideais a partir da matéria-prima fornecida por toda essa gente, nos últimos cinquenta anos, Hermínio contribuiu para o país se autorrevelar. Bastaria citar a descoberta de Clementina de Jesus, em agosto de 1963, que, na opinião do historiador Ary Vasconcelos, "teve para a MPB a importância que presumo corresponder, na antropologia, à do achado de um elo perdido. O choque produzido por Clementina (...) em nossos ouvidos mal acostumados pela seda e pelo veludo produzidos pelos cantores da época (...) serve para nos lembrar que a África permanece viva entre nós". A questão é que essa história não começa com o surgimento da Rainha Quelé – e ainda vai mais além.

Hermínio Bello de Carvalho nasceu no subúrbio carioca de Ramos, em 28 de março de 1935, a poucas quadras da rua onde morou Pixinguinha e que hoje leva o nome do músico. Filho do calista Ignácio Bello de Carvalho e de Francisca da Costa Carvalho, passaria a infância, adolescência e início da vida adulta no bairro da Glória, um dos quadrantes essenciais de seu mapa sentimental do Rio de Janeiro.

Frequentou a Escola 3-3 Deodoro, mas não se destacou nos estudos – preferia escrever poemas nos cadernos dos colegas a prestar atenção no conteúdo das aulas. Por outro lado, sua desenvoltura em organizar e promover reuniões e pequenos eventos entre os jovens o levou a ser eleito presidente do Centro Cívico Carlos Gomes. Mais tarde, passaria pela Escola Técnica de Comércio de Botafogo e estudaria contabilidade na Escola Amaro Cavalcanti.

Para reforçar o orçamento familiar, começou a trabalhar aos 9 anos fazendo biscates para a vizinhança. Aos 15, conseguiu vaga de contínuo numa firma do centro da cidade e, aos 16, tornou-se funcionário (inicialmente escriturário) da Serviços Marítimos Camuyrano S/A, na qual permaneceria por 23 anos.

Apaixonado pelas estrelas do rádio, no início dos anos 1950, Hermínio transformou-se em frequentador assíduo dos programas de auditório da Rádio Nacional – e sem pagar ingresso, pois engambelava o pessoal da portaria se dizendo primo de Heleninha Costa. Em pouco tempo, não precisou usar mais a desculpa usual porque assumiu a função de repórter da *Rádio Entrevista*, uma concorrente nanica da famosa *Revista do Rádio*. Não ganhava um tostão pelo trabalho, mas podia circular livremente entre os artistas da Nacional, como Linda Batista, de quem se tornou tão amigo a ponto de a cantora levá-lo em seu conversível até Petrópolis para uma audiência com o presidente Getúlio Vargas.

Um de seus parceiros da companhia marítima era Jodacil Damaceno, que mais tarde se tornaria um dos mais respeitados professores de violão do país e, naquele momento, despertou o interesse de Hermínio para o instrumento. Mesmo sem vocação para virtuose, começou a tomar aulas com Antonio Rebello, e esses novos contatos o levaram a participar ativamente da Associação Brasileira de Violões (ABV), na qual entraria em contato com Narciso Yepes, Oscar Cáceres, María Luisa Anido e Turíbio Santos.

Com a grande bagagem adquirida a respeito da cultura violonística, Hermínio publicaria na edição de agosto de 1956 da prestigiada *Revista da Música Popular* (editada pelo crítico Lúcio Rangel) a "Carta ao poeta Manuel Bandeira", na qual criticava a defasagem do artigo "Literatura de violão", assinado por Bandeira. Rangel levou o jovem até o poeta, que se divertiu com a história e pediu que a carta fosse publicada.

O prestígio de ter um texto seu na revista abriria portas para Hermínio encontrar o professor e crítico Mozart Araújo, na época diretor da Rádio MEC, que o convidaria a trabalhar na emissora. Em dois períodos (de 1958 a 1960 e de 1964 a 1972), Hermínio escreveu e apresentou os programas *Violão de ontem e de hoje*, *Retratos musicais*, *Reminiscências do Rio de Janeiro*, *Mudando de conversa* e *Música, divina música*.

Em princípios da década de 1960, expandiu sua atuação no rádio e na imprensa escrita (publicando em variadas revistas reportagens sobre Donga, Cartola, Ismael Silva e Radamés Gnatalli) e realizou a palestra "Villa-Lobos, uma conferência", a convite de Arminda Villa-Lobos, viúva do maestro.

Nessa época, também começam a brotar os primeiros resultados da intensa produção poética iniciada poucos anos antes, quando Hermínio conheceu o artista plástico Walter Wendhausen. "Foi ele quem me orientou nas descobertas do jazz, da pintura, Drummond, Fernando Pessoa, Aracy de Almeida...", recorda. O garoto que brincava de escrever sonetos nos cadernos dos colegas de escola agora era autor de três livros de poesia: *Chove azul em teus cabelos* (1961), *Ária & percussão* (1963) e *Argamassa* (1964) – e com o direito de ver alguns de seus poemas selecionados pelas antologias *Novíssima poesia brasileira* e *Poemas do amor maldito*.

Em 1963, sua amizade com Cartola o transformaria em figura de proa do restaurante Zicartola, montado pelo sambista e sua mulher. Aliás, Hermínio seria padrinho de casamento dos dois quando, no ano seguinte, oficializaram a união. No Zicartola, ele atuou, juntamente com o jornalista Sérgio Cabral, como animador e apresentador das noitadas de samba, criando a Ordem da Cartola Dourada, comenda oferecida toda semana a um grande nome da música popular. A farra era grande, porém nem os homenageados – Ismael Silva, Aracy de Almeida, entre outros – e muito menos os animadores eram remunerados pelo trabalho.

O Zicartola serviu para enriquecer as relações de Hermínio com os sambistas, incentivando-o a criar O Menestrel, um movimento de vanguarda – envolvendo inicialmente poesia e, depois, música (erudita e popular) –, no qual começaria a se exercitar como roteirista e diretor de espetáculos. Realizado no Teatro Jovem, comandado por Kleber Santos, em Botafogo, O Menestrel estrearia em dezembro de 1964 com o espetáculo *Violão e banzo*, juntando Turíbio Santos e Clementina de Jesus. A série teria continuidade com Jacob do Bandolim, Época de Ouro, Aracy de Almeida, Oscar Cáceres, Jodacil Damaceno, Aracy Cortes e Paulo Tapajós.

O sucesso do movimento, somado ao envolvimento cada vez mais intenso de Hermínio com o samba, desaguaria no espetáculo *Rosa de ouro*, realizado em 1965 e histórico desde sua noite de estreia. Além da linguagem revolucionária em termos de show musical, o espetáculo promoveu a volta aos palcos da grande dama do teatro de revista Aracy Cortes e revelou ao Brasil a voz e o repertório de Clementina de Jesus. Para arrematar, as duas eram acompanhadas pelos sambistas Paulinho da Viola, Elton Medeiros, Jair do Cavaquinho, Anescarzinho do Salgueiro e Nelson Sargento. *Rosa de ouro* teve duas versões – a segunda em 1967 – e ambas ficariam registradas em disco.

Ainda no Teatro Jovem, empolgado pela repercussão do espetáculo anterior, Hermínio se arriscaria (em parceria com Maurício Tapajós) no lançamento da ópera popular *João Amor e Maria* (1966), que teve em princípio a colaboração de Cacaso. Protagonizado por Cecil Thiré, José Wilker e Betty Faria (foi o primeiro trabalho da atriz no teatro), com a interpretação musical do MPB-4, a peça nem de perto obteve o mesmo sucesso do *Rosa de ouro,* porém contribuiu para que as pessoas começassem a ver Hermínio também como letrista.

A primeira gravação comercial de uma música sua ocorrera um ano antes, em 1965, quando Nara Leão registrou em disco "Cicatriz" (parceria com Zé Keti), que seria incluída por Oduvaldo Vianna Filho no espetáculo *Opinião*. Quarenta anos depois, Hermínio contabiliza mais de 150 composições gravadas e uma seleção primorosa de parceiros – Maurício Tapajós, Dona Ivone Lara, Baden Powell, Sueli Costa, Elton Medeiros, Paulinho da Viola, Martinho da Vila, João de Aquino, Vital Lima, Vicente Barreto –, além de ter letrado músicas de Jacob do Bandolim (a trilogia de choros "Noites cariocas", "Benzinho" e "Doce de coco"), João Pernambuco ("Estrada do sertão"), Villa-Lobos ("Senhora rainha", "Prelúdio da solidão") e Chiquinha Gonzaga ("Atraente").

Toda essa obra ganharia vida nas maiores vozes de nosso cancioneiro, como Elizeth Cardoso, Clara Nunes, Simone, Maria Bethânia, Gal Costa, Zezé Gonzaga, Dalva de Oliveira, Jair Rodrigues, Alaíde

Costa, Ciro Monteiro, Dalva de Oliveira, Zé Renato, Elza Soares, Emílio Santiago e outros mais.

Na sequência do *Rosa de Ouro*, Hermínio iniciaria uma intensa carreira como diretor de espetáculos e produtor de discos. Dirigiu, por exemplo, a histórica apresentação de Elizeth, Jacob do Bandolim e Zimbo Trio, em 1968, e os shows *Te pego pela palavra* e *É a maior!*, da cantora Marlene, nos anos 1970. Produziu trabalhos de Isaurinha Garcia, Noite Ilustrada, Cristina Buarque, Clementina de Jesus, Zezé Gonzaga e Turíbio Santos, com destaque para os álbuns *Elizeth sobe o morro*, *Mudando de conversa* (com Ciro Monteiro e Nora Ney), *Fala, Mangueira* (com Clementina, Nelson Cavaquinho, Cartola, Carlos Cachaça e Odete Amaral), *Vivaldi & Pixinguinha* (com Radamés Gnatalli e Camerata Carioca), *Gente da antiga* (com Clementina, Pixinguinha e João da Baiana), *Som Pixinguinha*, *No tom da Mangueira* e *Chico Buarque de Mangueira* (quando a escola de samba homenageou os compositores).

É bom lembrar que, no período em que realizou a maior parte desses trabalhos, Hermínio atuava diariamente no escritório da companhia marítima, da qual se demitiria em 1974 para se dedicar com exclusividade às atividades culturais. O primeiro projeto foi a fundação da Sociedade Musical Brasileira (Sombrás), que teve a participação, entre outros, de Maurício Tapajós, Gonzaguinha, Vítor Martins e Aldir Blanc. A entidade, criada para defender os interesses dos compositores na eterna briga pela moralização do direito autoral, contava com uma diretoria encabeçada por Tom Jobim (presidente) e Hermínio (vice).

Em 1976, seria convidado por Albino Pinheiro para estruturar artisticamente o Projeto Seis e Meia, no Teatro João Caetano, que aproveitava o tempo ocioso do espaço cultural para apresentar espetáculos de qualidade a preços populares, uma fórmula que se consagrou. Além de formar plateias, o Seis e Meia lançou e divulgou inúmeros intérpretes, instrumentistas e compositores. No ano seguinte, Hermínio aproveitou a experiência bem-sucedida e expandiu-a para o resto do país por meio do Projeto Pixinguinha, desenvolvido pela Fundação Nacional de Artes (Funarte), na qual tinha assumido a Divisão de Música Popular.

Na Funarte, ele capitanearia também os projetos Lúcio Rangel (de incentivo à produção de livros sobre MPB), Almirante (de gravação e lançamento de discos), Airton Barbosa (edição de partituras), Radamés Gnatalli (ensino musical) e Ary Barroso (voltado para a divulgação da música brasileira no exterior). Paralelamente, produziria e apresentaria na TV Educativa, em períodos distintos, os programas *Água viva*, *Lira do povo* e *Contraluz*, dando continuidade também aos seus impulsos de escritor com os livros *O canto do pajé* (artigos sobre Villa-Lobos e música popular), *Mudando de conversa*, *Cartas cariocas para Mário de Andrade*, *Sessão passatempo* (crônicas), *Bolhas de luz*, *Contradigo* (poesia) e *Araca: arquiduquesa do Encantado* (perfil biográfico de Aracy de Almeida).

Numa época em que a defesa do meio ambiente era um assunto que ainda estava na semente, Hermínio já traçava um paralelo entre a natureza e a cultura. "Há algum tempo venho defendendo uma tese de cunho marioandradiano: a de que a cultura brasileira deveria ser tratada como matéria de segurança nacional, e o homem, e sua música, tombados pelo patrimônio como bens ecológicos. As perdas de um Villa-Lobos, de uma Clementina de Jesus, de um Tom Jobim ou de um Drummond de Andrade equivalem – esse é meu sentimento – à derrubada de parte de nossa floresta Amazônica, a pássaros dizimados por estilingues predadores", costuma repetir Hermínio.

Esse entusiasmo pela promoção, divulgação e preservação da cultura e memória musical brasileira continua presente em seus trabalhos mais recentes, como o espetáculo *O samba é minha nobreza*, apresentado em 2002 no Cine Odeon-BR, no Rio, que reuniu os respeitados Roberto Silva, Zé Cruz, Cristina Buarque e Paulão 7 Cordas a novos talentos como Nilze Carvalho, Bernardo Dantas, Mariana Bernardes, Pedro Miranda e Pedro Aragão. E some-se também sua participação na criação do Instituto Jacob do Bandolim (de valorização da obra do músico) e da Escola Portátil de Música (de incentivo à educação musical).

Poeta, compositor, produtor de discos, cronista, ativista cultural – encaixar Hermínio em apenas uma classificação profissional é difícil porque ela resultaria incompleta e injusta. "O que eu queria mesmo era ter me tornado educador", ele costuma dizer. Mesmo tendo irradiado tanta informação, formado plateias e educado uma legião de ouvintes de música, ele não aceita o título de professor por não ter feito faculdade. E também por ele, que parece poder tudo, ter que continuar lutando para conseguir realizar seu sonho maior, que é o de ver o brasileiro mais abrasileirado. Mas será que foi o mestre que não soube ensinar, ou fomos nós que ainda não aprendemos a lição?

Alexandre Pavan
Autor de *Timoneiro:
perfil biográfico de Hermínio Bello de Carvalho*

Agradecimentos do autor

O processo de seleção dos textos para este livro foi entregue a Joyce Moreno, compositora, instrumentista e cantora com brilhante carreira no exterior. Ela também se exerce como escritora com dois livros já publicados – o que justifica o convite que lhe fez o produtor Helton Altman para organizar este *Passageiro de relâmpagos*, todo ele magnificamente ilustrado pelo Baptistão. Dedico este livro ao produtor cultural João Carlos Carino, que deu a ideia de fazê-lo, mas não pôde participar das muitas etapas que viabilizaram sua feitura.

SOBRE O AUTOR

Nascido no Rio de Janeiro, Hermínio Bello de Carvalho é compositor, poeta, produtor musical, além de ter colaborado como jornalista e cronista em publicações como *O Pasquim*.

Foi diretor adjunto da Divisão de Música Popular Brasileira da Funarte durante 13 anos e membro fundador do Conselho de Música Popular do Museu da Imagem e do Som (MIS). É parceiro de ilustres nomes da música brasileira como Cartola, Pixinguinha, Paulinho da Viola, Baden Powell, Dona Ivone Lara, Sueli Costa, Martinho da Vila, Zé Ketti, João de Aquino, Vital Lima, entre muitos outros.

É autor dos livros: *Chove azul em teus cabelos* (1961), *Ária e percussão* (1962), *Villa-Lobos, uma conferência* (1963), *Argamassa* (1964), *João-Amor e Maria, libreto de ópera popular* (1967), *Amor, arma branca* (1973), *Bolha de luz* (1985), *Mudando de conversa* (1987), *O canto do Pajé, Villa-Lobos e a MPB* (1988), *Cartas cariocas para Mário de Andrade* (1994), *Umas e outros* (1995), *Contradigo* (1999), *Araca: arquiduquesa do Encantado* (2004), *Embornal* (2005), *Áporo Itabirano* (2011), *Taberna da Glória e outras glórias* (2015).

Sua discografia compreende os álbuns: *João-Amor e Maria, ópera popular* (1966), *Sei lá* (1974), *Pastores da Noite* (com Vital Lima) (1978), *Alaíde Costa canta Hermínio Bello de Carvalho* (1982), *Lira do povo* (1985), *Cantoria* (1995), *Mestres da MPB* (1995), *Timoneiro* (2005), Áurea Martins *Depontacabeça* (2010), *Isso é que é viver, Hermínio 80 anos* (2015), Vidal Assis *Álbum de Retratos* (2016).

SOBRE A ORGANIZA-DORA

Nascida no Rio de Janeiro, a cantora, compositora, arranjadora e instrumentista Joyce Moreno possui uma extensa discografia, com mais de 30 álbuns lançados e cerca de 400 gravações de suas canções por grandes artistas da MPB – nomes como Elis Regina, Maria Bethânia, Gal Costa, Milton Nascimento, Ney Matogrosso, Edu Lobo, Nana Caymmi, Zizi Possi, entre outros.

Recebeu 4 indicações ao Grammy Latino e foi gravada por artistas internacionais como Annie Lennox, Black Eyed Peas, David Sanchez, Jon Lucien, Claus Ogerman, Gerry Mulligan, e Flora Purim. Possui canções em trilhas sonoras de filmes, como *O jogador* e *Legalmente loira,* e de animações como o anime japonês *Wolf's Rain*.

É autora do livro *Fotografei você na minha rolleyflex*, um livro de memórias sobre os bastidores da MPB do início de sua carreira.

SOBRE O ILUSTRA-DOR

Nascido em São Paulo, o ilustrador Eduardo Baptistão desenha desde a infância. Formado em Publicidade e Propaganda, publicou seu primeiro desenho em 1985, na *Folha de S. Paulo*. Posteriormente, trabalhou na redação do *Estadão* por 22 anos, até 2013.

Baptistão recebeu prêmios nacionais e internacionais em diversos salões de humor e de desenho para imprensa. Além de ter trabalhado também para o *Jornal da Tarde*, colaborou com alguns dos maiores veículos de comunicação do país, como o *Le Monde Diplomatique Brasil* e as revistas *Istoé*, *Placar*, *Vogue*, *Playboy*, *Sexy*, *Vip*, *Imprensa*, *Quem*, entre outras. Fez também diversas ilustrações para livros, discos e outros projetos.

É autor dos livros *A Book of Portraits – Selected Works of Eduardo Baptistao*, *Sketchbook Experience* e *The art of Baptistão – 30 years*.

Fonte Recoleta e Franco Stone
Papel capa Supremo Alta Alvura 250 g/m²
miolo Pólen Natural 80 g/m²
Impressão Camacorp - Visão Gráfica Ltda.
Data Março de 2023